感谢银联国际
对本书出版的大力支持

中国旅游发展年度报告书系
Annual Development Report of China's Tourism

中国出境旅游发展年度报告
2015

ANNUAL REPORT OF CHINA
OUTBOUND TOURISM DEVELOPMENT
2015

中国旅游研究院

北京·旅游教育出版社

《中国出境旅游发展年度报告》编辑委员会

主任委员
杜　江　国家旅游局副局长、博士
副主任委员
戴　斌　中国旅游研究院院长、教授、博士
编　　委（按姓氏音序排序）
戴　斌　蒋依依　李仲广　宋子千　唐晓云　吴丰林　夏少颜

《中国出境旅游发展年度报告》编写组

主　　编
戴　斌　中国旅游研究院院长、教授、博士
执行主编
蒋依依　中国旅游研究院国际旅游研究所所长、副研究员、博士
成　　员
杨劲松　杨丽琼　宋慧林　刘祥艳　汲忠娟　李仲广　杨宏浩　何琼峰
吴丰林　杨光旭

前 言
FOREWORD

近来年轻人主导的社交圈子里有一个热词，叫作"说走就走的旅行"。对此，舆论似乎有不同的看法，有人认为这是社会转型和大众旅游初级阶段特有的现象，应当给予宽容和理解；也有人认为太任性了，如果不知道自己要的是什么，哪怕走到天涯海角，归来也只是空空的行囊。其实，这句话只是情绪化地表达了国人内心深处从来都没有停止过的对自由的向往。相对于自古以来人们在特定空间里有限选择的生活方式，能够在自主的时间，以自己喜欢的旅行方式，到访这颗星球上任何一个愿意去也能够去的目的地，想想都是一件令人激动不已的事情。

理想很丰满，现实却是很骨感，旅游权利的实现从来都不是没有代价的。对于绝大多数人来说，一场现实的旅行必须要具备四个基本要件：可自由支配收入，就是要有闲钱；可自由支配时间，有闲暇；有消费意愿，不能出去旅游老是有太多放不下的事情，回来还没完没了地自责；再就是鼓励旅游和自由、便利的旅行政策。

改革开放以来的三十五年，我们先后解决了收入和时间约束的问题。现在，旅游已经成为老百姓的日常生活选项，尽管人均每次旅游花费只有八百多元人民币，但是只要愿意，每年还是可以或远或近地出游几次的。到2020年全面实现小康社会的时候，根据国务院2014年31号文件给出的目标，国民出游率将超过4.5次。届时将有每年60亿人次的国内旅游和2亿人次的出境旅游，初步达到发达国家的门槛水平。从政策环境上看，政府和社会各界对发展入境旅游和国内旅游已经达成了高度共识，并为此在旅游基础设施建设、旅游公共服务、旅游投资、职工带薪休假、青少年研学旅行等方面做了大量务实有效的工作。相对而言，对于快速增长的出境旅游市场和巨额的出境旅游消费，政府和学术界一直存在着是否超前和要不要限制的争论。这些争论正在影响中国出境旅游的发展理念和政策取向，如果最终得出超前和限制的结论，那就会影响每一个人的旅游决策和消费行为。

受起步阶段入境旅游的影响，中国的旅游发展战略主要是以创汇和拉动经济增长为政策取向的，在实践中则主要是围绕旅游目的地体系建设展开，直到今天依然如此。我们总是自觉不自觉地认为，吸引更多的游客到访，带来更多的美元、欧元、日元或者人民币收入，带来更多的就业，发展旅游才有合法性和合理性。相反，如果游客出去了，消费外流了，则视之为不好的事情。特别是在当前经济下行压力加大的背景下，呼吁海外消费回流的舆论很可能就会转化为限制导向的政策设计和贸易壁垒。我们很高兴地看到包括最高领导人在内的政府主流意见对发展出境旅游采取了一如既往的支持态度。国家主席习近平在2013年于莫斯科召开的"中国旅游年"开幕式上指出，旅游已经成为人民生活水平提高的重要指标，中国人自古以来就有"读万卷书，行万里路"的传统，出国旅游尤其为人民群众所向往。在前年和今年的博鳌亚洲论坛的主旨演讲中，习近平主席两次提出了未来五年中国公民出境旅游总数分别为4亿和5亿人次。2015年，中国和韩国、印度、中东欧分别互办旅游年，努力促进各国之间的人员往来。就在前不久召开的第五届中日韩旅游部长会议上，三方发表联合声明，提出了2015年实现互访游客人数达到2000万人次、2030年达到3000万人次的新目标和"自由旅游区"的共同愿景。这一目标的实现无疑需要包括中国在内的各国政府采取更加积极的出境旅游政策。

随着时代发展和社会的进步，越来越多的人开始接受这样的共识：旅游是人类长存的生活方式，是每一个人的基本权利。发展旅游的根本目的是提高生活质量并为所有的人创造更好的生活条件，也即社会总体福利的增加（世界旅游组织《马尼拉世界旅游宣言》，1980）。每个人都有自由离开和返回他的国家的权利（联合国《国际人权宪章》，1948、1966）。旅游不仅具有增加外汇收入、拉动经济增长等经济属性，更具有使人类增长见识，提高人类生活水平和综合素质、促进人类文明等社会文化属性。人民有自由旅游的权利，更有获得人格尊严和高品质服务的权利。由是出发，"为了人类在大地上更加自由，更有尊严地行走""文明、包容、共享""对话与无所不在的学习"，应当，也可以成为包括中国在内的全球旅游发展新理念，并经由各国政府、行业协会、教育、学术研究、媒体和社会各界的共同努力，使之成为旅游政策和创业创新的理论基础和战略导向。

上述理念在国际合作中具体表现为签证、税收、航权和领事保护等旅行政策的宽松化。在过去的一年中，中国政府和世界各国、各地区、相关国际组织一道，为最大限度地促进国民旅游权利的实现做出了不懈的努力，并取得空前的成就。可以说，在采取更加积极的国际旅游政策创新方面，政府工作是"蛮拼"的，游客评价"点赞"了。我们看到，继美国总统奥巴马宣布给予中国游客十年有效签证后，日本、韩国、加拿大、新加坡、英国、意大利等国家纷纷跟进，给予中国游客更多的签证便利化，包括但不限于放宽签证有效期、降低签证费用、增加签证官员数量、启用电子签证，还有落地签证和免签证入境等过去被认为天方夜谭的便利。中国政府为了增加护照的"含金量"，也加快了与相关国家的谈判进程。自2015年1月1日起，印度尼西亚对中国等五国游客实行免签政策，这也是第50个对中国实施免签和落地签的国家和地区。随着中国经济社会发展和"一带一路"、孟中印缅经济走廊、中韩、中澳等自由贸易区建设步伐的加快，签证政策的宽松化将是不可逆转的趋势，我们有理由相信"说走就走的旅行"至少在旅行证件方面不再是事儿了。

俗话说，在家千日好，出门一日难。特别是出境旅游，更是难免会遇到这样那样的问题。为了国民放心出游，出境游客首次被全面纳入领事保护的范畴。2015年"两会"期间，外交部长王毅在谈到海外民生工程时强调，"中国脚步"走到哪里，"中国保护"就要跟到哪里。作为这一宗旨的具体落实，外交部于去年设立了全球领事保护应急呼叫中心"12308"热线，承诺并践行任何时间、任何地点，只要游客有需要，都能够及时得到外交部和驻外使领馆的帮助。如果说以签证便利化为代表的旅行政策有效降低了国民出游的制度壁垒，那么，针对游客的海外领事保护力度的加强则进一步提高了出境旅游的安全感。上述信息也充分表明了中国政府关于出境旅游的政策设计与发展理念是相向而行的。

从历史经验来看，旅游是能够提升国民文明程度的，绝大多数游客也是自觉遵守目的地国家的法律法规和公序良俗的。前不久，一名中国游客在圣地亚哥海洋公园遇到了一名美国人突发心脏骤停，倒在地上。他一个人坚持了十分钟的专业救援，直到专业人员赶到现场将病人复苏。近期，中国旅游研究院正在与中国国际广播电台合作，在全球范围内开展"外国人眼中的中国游客形象"大型调查项目，很快将会发布调查结果。现在每年都有超过1亿人次的中国公民出境旅游，在拉动目的地经济发展、增加就业和提升自身综合素质和文明程度的同时，我们也注意到了少数游客的不文明行为已经影响到了主客关系，甚至国家形象。政府正在下更大的力气引导国民文明旅游，在之前的《中国公民出境旅游文明行为指南》的基础上，国家旅游局还启动了《游客不文明行为记录管理暂行办法》。今后，游客在旅游中出现严重不文明行为，将被拉入"黑名单"。文明程度提高了，主客关系融洽了，海外目的地就会更加欢迎中国游客的到访。

在看到中国政府与世界各国、各地区一道为国民旅游权利而努力的同时，我们也要提醒海外旅游目的地的政府和旅游业界：随着国民旅游经历的增加和消费经验的成熟，他们不再满足走马观花的常规线路，而转向对目的地生活方式的深度体验。从消费结构上看，购物依然是主要的消费选项，但是消费已经明显趋于理性，冲动性购买和炫耀性消费则明显减少了。借助传统媒体和互联网社交媒体，游客也在积极主动地表达他们的评价。这就要求海外目的地除了市场宣传推广以外，还要从公共服务基础平台和商业服务体系两个方面做更多的工作。

2015年4月10日，中国旅游研究院正式发布了《2015年第一季度中国公民出国旅游满意度调查报告》。调查表明，出境游客对海外目的地的评价虽然还维持在76.77分的"基本满意"水平，但是与三年前相比已经有所下降。尤其值得关注的是，游客对于投诉处理的平均满意程度同比和环比出现了大幅度的下降，仅得了64分。游客的抱怨主要集中在中文解说系统、中文接待环境、导游服务质量等方面，似乎也没有哪个机构对这些抱怨负责并加以改善。即便是西班牙、意大利、韩国等发达国家，游客对旅游投诉处理的满意程度也是很低，甚至还有社会治安的问题。如果这些问题长期得不到解决，最终会影响中国游客对目的地的选择，严重的话会失去日渐增长的中国市场。希望各国、各地区能够与中国政府在游客海外权益保护方面的努力相向而行，哪怕是在国门之外，游客的抱怨也需要有人倾听，更需要善意的回应。

但我们也欣喜地看到，产业各方正在为此积极作为。作为中国人出境首选支付工具，游客已经可以在全球150多个国家的2600万商户和180万台ATM机上使用银联卡，这让大家能以更加熟悉、便利的方式轻松支付。同时，随着中国成为世界第二大旅游输出国，越来越多的境外商户把接受银联卡作为吸引游客的重要手段。现在，不仅购物中心、奥特莱斯、免税店配上了中文标识和汉语导游，洲际酒店集团还在全球范围内推出了专门针对中国游客的"洲道计划"。在"欢迎中国（Welcome Chinese）"项目的推动下，越来越多的酒店和购物场所开始接受银联卡支付,在客房里可以阅读中文报刊、观看中文电视节目,年轻人无论在哪儿都不会错过《中国好声音》了。还有机场、巴士、高铁、博物馆等,随身带上一个"漫游宝",出境旅游不仅可以"说走就走",还可以"说停就停"。在这样一个旅游权利持续扩展的过程中,资本、技术和年轻人主导的创业团队,正在全球范围内推动旅游成为创业创新最为活跃的领域。

有了旅游权利的理念,有了日渐宽松的政策,更有商家的悉心照料,还犹豫什么呢?说走就走的旅行,让我们上路吧。

戴斌

中国旅游研究院院长、教授、博士生导师

2015 年 4 月 20 日

目 录
CONTENTS

导　言　2014年中国出境旅游发展概况 ………………………………………… 1

第一章　2014年中国出境旅游总体状况 ………………………………………… 7
　　第一节　规模与消费 ………………………………………………………… 8
　　第二节　流量与流向 ………………………………………………………… 12
　　第三节　影响因素 …………………………………………………………… 18

第二章　客源地产出特征 ………………………………………………………… 51
　　第一节　中国客源地潜在出游能力 ………………………………………… 52
　　第二节　典型城市出境市场 ………………………………………………… 55

第三章　目的地消费行为 ………………………………………………………… 79
　　第一节　总体分析 …………………………………………………………… 80
　　第二节　主要目的地消费特征 ……………………………………………… 93

第四章　目的地满意状况 ………………………………………………………… 123
　　第一节　总体状况 …………………………………………………………… 124
　　第二节　目的地满意度状况 ………………………………………………… 126

第五章　2015 年我国出境旅游发展趋势与建议 ……………………………… 177
第一节　2015 年我国出境旅游发展趋势 ……………………………… 178
第二节　2015 年我国出境旅游发展建议 ……………………………… 182

后　记 ………………………………………………………………………… 185

导　言
2014年中国出境旅游发展概况

一、尽管已经进入"亿人次"时代，中国出境市场仍然处于与国情相适应的初步阶段

2014年中国出境旅游人数首次过亿，达到1.07亿人次，与2013年相比，同比增长19.49%[①]。从总量上来看，已经连续3年成为世界排名第一的世界客源地。但从客源产出、空间流向、市场规模、消费结构等方面综合来看，中国出境市场仍然处于与国情相适应的初步阶段。从客源产出来看，中国出境旅游的发展并不是一个整齐划一的整体渐进过程，区域社会经济发展的差异使出境客源表现出显著的空间非均衡特征，东部地区长期以来占据着中国出境旅游客源产出的主要位置，而中部与西部的客源产出能力梯次下降，出境旅游还没有成为一种普遍的大众化消费活动。从空间流向来看，约70%的出境游客流向中国港澳台地区表明中国的出境旅游行为仍抑制性地表现为短途旅游为主的特点，并在出行距离、旅游目的、停留时间以及人均消费上呈现出介于国内旅游与出国旅游之间的过渡性特征。从市场规模来看，基于人口总量的相对规模，特别是严格意义上的出国旅游率与发达国家、金砖国家相比均相对滞后。从消费结构而言，购物为旅游消费主体项目标志着中国的游客消费行为还处在从尝试性向成熟型逐渐发展的特点。总体而言，尽管已经进入"亿人次"时代，中国出境旅游仍处于大众旅游发展的初期阶段。

二、出境规模与消费能力的不断扩大推动了发展环境的优化，特别是与"出境大国"相匹配的签证环境正在形成

中国出境旅游庞大的市场与巨大的消费能力推动了境外目的地越来越重视如何保障中国公民在旅行和旅游活动中得到公正、公平、优惠的待遇，包括提

---

① 2014年1.07亿人次为剔除了留学与短期打工的出境旅游人次。同比增长率根据调整过的2013年数据计算得到。

供更宽松优惠的签证权利、更多的中文标识与服务、更符合中国游客喜好的产品等。根据中国外交部的数据，截至2015年1月20日，共有52个国家和地区对持普通护照的中国公民个人因私前往，实施免签、落地签证政策。特别是2014年APEC会议后，各国对华签证政策持续改善，在签证程序简化、签证政策放宽、延长免签计划等方面都有所表现，并且取得了显著的成效。如英国推出24小时超级优先签证服务，美国、加拿大、日本等国推出或延长了多次往返的签证期限。澳大利亚每年将向中方提供5000个打工度假签证，说明放宽的签证不仅将客源锁定在富裕阶层、商务人士，也逐渐向青年人倾斜。美国多个国家公园提供中文信息指南，创办中文的公园介绍杂志。澳大利亚出版首份中文地图。马来西亚旅游官方网站推出全新中文版。日本提供中文等电话翻译服务，设置中文标识的出租车站。韩国大力培养中文导游，制作中文购物指南。马德里将中文纳入公务员培训内容。俄罗斯圣彼得堡等城市与芬兰、瑞典共同开发了面向中国游客的"红色旅游线路"。可以说，发展环境与出境旅游之间正在形成一个相互促进的良性循环。

三、出境旅游空间格局仍表现出以近程市场为主的特征，突发事件对部分地区的流量影响比较显著

2014年，中国（内地）出境旅游目的地前两位仍然被中国香港和中国澳门两个特别行政区占据，分别占总量的39.94%和26.89%[①]。由于港澳台地区吸引了内地游客的70%，因此严格意义上的出国旅游规模仅为3100万余人次。2014年我国出境旅游还是以近程目的地为主，即使不将港澳台市场纳入统计，亚洲市场仍然占据洲际市场的首位，所占比例达到65.4%，其余依次为欧洲（11.7%）、非洲（9.4%）、美洲（9.0%）、大洋洲（3.9%）。其中赴非洲游客的同比增长速度达到80.9%，这也成为赴非洲游客数量超过美洲的重要原因。赴大洋洲游客的同比增长速度也达到24.3%。在出国旅游的目的地中，韩国、泰国、日本、美国、越南、新加坡、马来西亚、俄罗斯、印度尼西亚、澳大利亚是前十位目的地。前十位出国目的地占到了出国旅游规模的65.4%。其中赴韩国、日本的同比增长率高达43.3%、50.8%。因为《泰囧》这部电影在

---

① 2014年数据指2014年1~11月的数据。

中国的火爆，2013年推动了赴泰国人数的大幅增长，2014年虽然赴泰国的规模基本与2013年持平，但仍推动泰国在目的地当中位居高位。2014年近程市场与远程市场均出现的大幅增长在一定程度上说明短程的多频次旅游与长距离旅游同步增长。但2014年3月8日的马航MH370航班失踪与7月17日的客机在乌克兰境内坠毁事件、越南2014年5月对中国南海钻井平台实施非法干扰及越南发生的反华暴乱等事件直接影响了中国游客赴上述国家旅游的意愿，年内赴马来西亚、越南游客同比下降了29.0%和3.8%。2014年4月15日内地小孩在港便溺事件的后发效应也逐渐显现，2014年3月零售业总销货价值约为396亿港元，同比下降1.3%，"五一"3天假期共有38.8万人次内地游客入境香港，较上年39.4万人次下降，为多年来首次下降。

四、中国出境游客的消费能力受到广泛关注，其中"避税消费"或"避费消费"成为推动发展的重要因素

根据外汇管理局数据，2014年中国服务贸易进口旅游项目达到1649亿美元。根据中国旅游研究院的调查，2014年88.1%的出境游客认为购物是最主要的消费项目①。主要目的地与购物退税的数据也印证了这一点。2013年出境游客在中国香港、中国澳门、中国台湾与日本的消费中分别有71.6%、56.0%、54.9%、40.5%用于购物，而赴上述4个地区的游客占总出境市场的72.7%。世界最主要购物退税机构的数据显示，2014年中国游客购物退税消费总额约42.5亿欧元，连续第七年居全球首位。国民购物的境外延伸不仅与中国品牌竞争力偏弱、旅游购物品质待提升有关，也有国际高端品牌定价差异、国内分销体系不完善等原因。但其中不能回避的原因是，部分商品的综合进口税率与流通环节的费用较高导致了境内外的高额价差。尽管自2001年加入WTO以来，我国关税尤其是进口关税多次下调，关税占税收收入比重一直在下降。但是加上进口增值税、消费税后，国际贸易税占税收收入比重却呈上升态势，由2008年的13.6%上升到2012年的17.5%。对于在中国制造与销售的商品，在生产和流通环节中实际需要交纳产品税、增值税、营业税和特别消费税等，同时还需要承担相对高昂的物流成本与销售网络分销成本。中间费用过高成为推高商

---

① 此项为多选题。

品售价的重要原因。因此，国民购物需求的境外释放在一定程度上是高额价差背景下游客的"避税消费"与"避费消费"。

五、需求多元化导致出境旅游满意度下降，为中国游客定制的旅游服务令人期待

2014年出国游客满意度呈下降趋势，处于77.15的"基本满意"水平，低于2013年的平均水平（79.17）。2014年我国游客对国外目的地形象、服务水平、服务质量的期望趋于平稳，全年出国游客满意度下降的主要原因是目的地国家的形象、城市建设、城市管理、公共服务、行业服务等方面以及国外目的地的总体旅游服务质量、满意程度略有下降。2014年24个样本国家中有17个达到75分以上的"基本满意"水平，样本国家游客满意度从高到低依次是：新西兰80.55、新加坡80.24、美国80.11、加拿大79.99、澳大利亚79.53、意大利79.31、英国79.16、法国78.72、日本78.54、西班牙78.22、泰国78.21、韩国77.77、德国77.46、马来西亚76.68、印度尼西亚76.18、俄罗斯75.44、菲律宾75.25、南非74.84、阿根廷74.75、柬埔寨74.64、巴西74.38、印度72.88、越南72.71、蒙古72.25。2014年仅有美国、泰国的游客满意度指数与去年持平，其余24个境外目的地国家的游客满意度指数得分都有较大幅度下降，其中，阿根廷、南非、巴西、德国、法国、西班牙的指数下降幅度较大。新西兰、新加坡、加拿大、澳大利亚等国家的游客满意度排名稳定在前列。2014年在网络上的负面评价有明显增加，全年中国出国游客对投诉处理的平均满意程度与去年相比有较大幅度下降，仅有69.61，赴越南、马来西亚、阿根廷等国家的中国游客对旅游投诉处理的满意度最低，泰国、韩国等热点旅游国家的投诉处理满意度也不高。

六、中国出境旅游在推动目的地经济社会发展以及促进我国企业国际布局、"大国公民"养成等方面发挥了积极作用

中国出境旅游对目的地的经济社会发展起到了积极的促进作用。2013年中国赴美人数180.7万人，旅游开支211.15亿美元，较2006年分别增长464%和439%，目前中国是美国的第二大入境消费国，仅次于墨西哥，旅游项目占

到美方向中国出口的服务贸易总额的 56%。韩国 2014 年外国入境者为 1268.2 万人次,其中来自中国的入境人数为 556.3 万人,占比 44.7%。2014 年外国人在韩信用卡消费额分析报告指出,外国人信用卡消费规模同比增长 38.8%,高达 10.9 万亿韩元(1 美元约合 1096 韩元),其中中国游客消费额逾一半,为 6.13 万亿韩元,同比增长 62.6%。日本政府观光局公布的数据显示,2014 年中国大陆赴日游客约 241 万,人均消费 23 万日元(1 美元约合 117 日元),居各国游客之首。2014 年,旅游业拉动日本经济增长 0.4%,中国大陆和港澳台游客贡献占一半以上。国家和地区持续增长的出境旅游消费是相关企业参与国际竞争最为直接的市场优势。在 2014 年一整年中,锦江集团收购法国卢浮酒店集团和美国第三方酒店管理公司,海航集团再次收购 NH 酒店集团股份,开元酒店采用房地产信托的模式成为香港联交所的一员,万达先后在境外收购酒店等旅游综合体项目,携程战略收购经营北美旅游的途风旅游,众信旅游等联合投资体收购 Club Med 部分股份,在一定程度上,都是充分借助了出境市场与消费快速增长的产业国际化布局。根据 2014 年底的舆情监测和领队反馈,我国公民出境旅游文明程度正稳步提升,可以说在中央文明委及国家旅游局关于推进公民文明旅游的相关工作推动下,特别是越来越容易、越来越频繁,同时也越来越平常的出境行程使中国游客与世界充分接触、互动,正在有助于"大国公民"的养成。

第一章

2014年中国出境旅游总体状况

第一节 规模与消费

一、出境旅游市场规模与增长情况

2014年我国出境旅游市场规模持续扩大,出境游客数量再创新高,达到10 700万人次,比2013年同比增长9%,涨幅于近两年来首次滑落。出境游市场季节性特征明显且趋于常态化,从出境旅游人数的月度数据来看,我国出境旅游的季节性特征明显,且趋于常态化(见图1-3)。高峰期主要集中在7、8月和春节期间,下半年的出境旅游人次从整体上看较上半年规模更大。

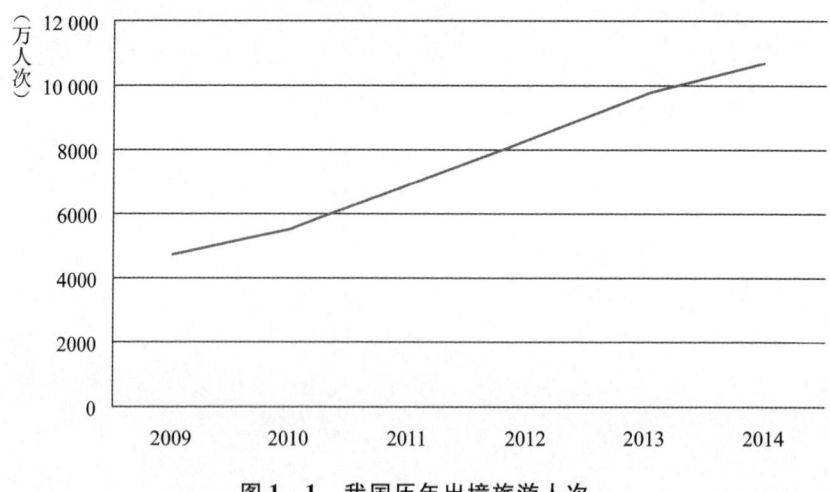

图1-1 我国历年出境旅游人次

第一章 2014年中国出境旅游总体状况
Chapter One Overview of China Outbound Tourism in 2014

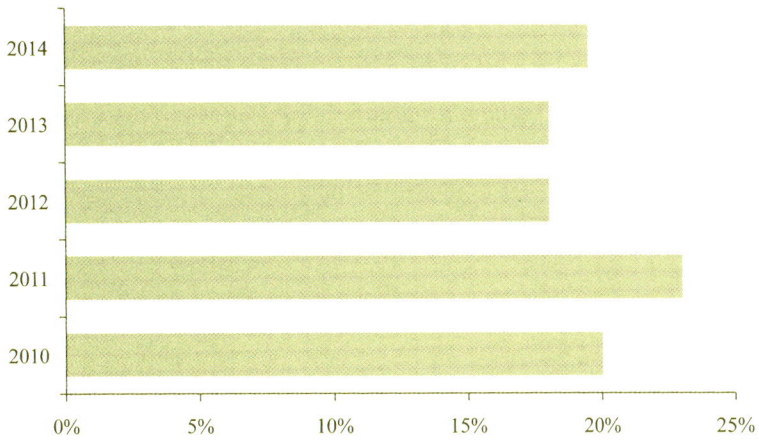

图1-2 我国历年出境旅游人次增长率

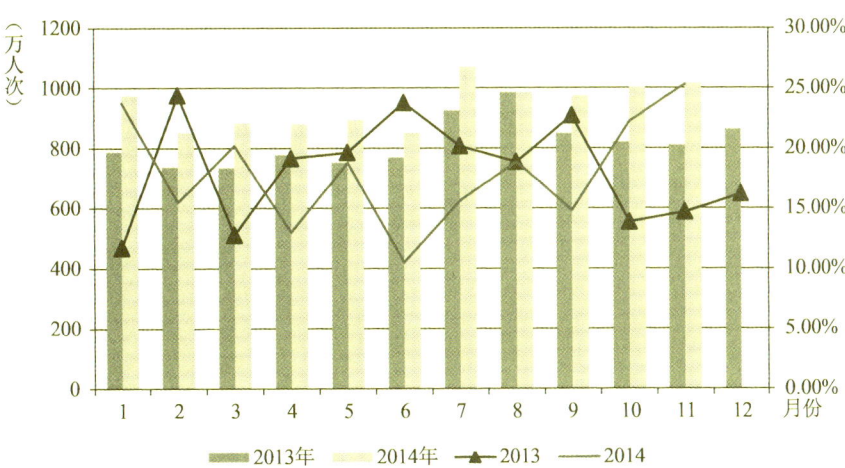

图1-3 2013和2014年我国出境旅游人次和增长率对比

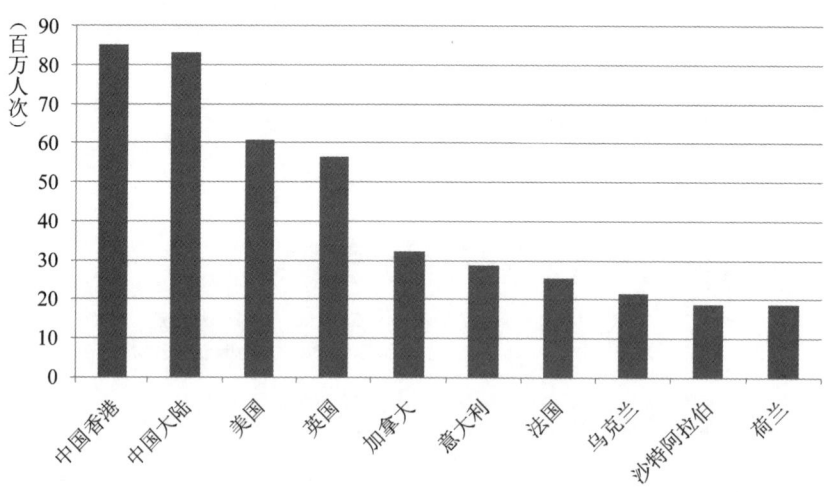

图1-4　2012年世界十大出境客源地游客规模

资料来源：世界银行。

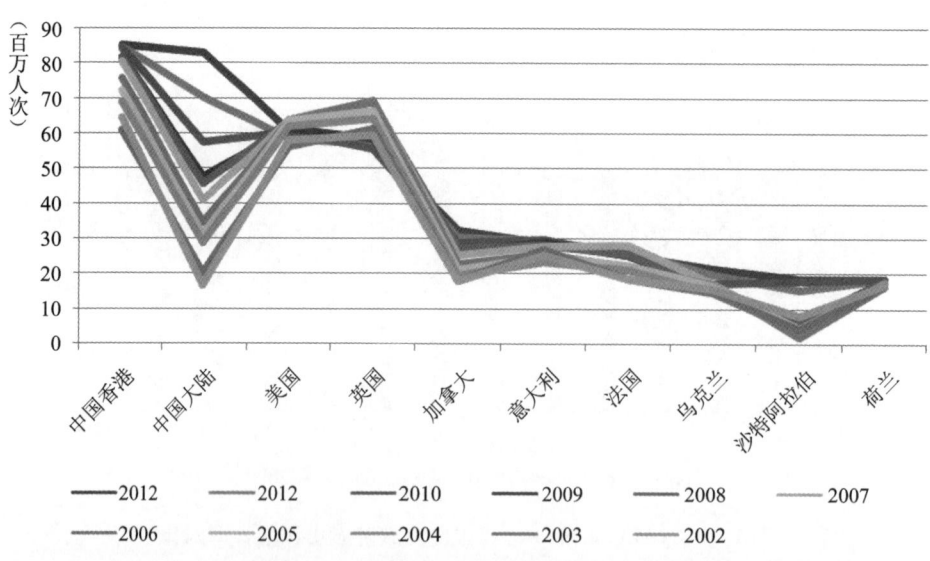

图1-5　2012年出境市场世界前十名近十年游客规模变化

资料来源：世界银行。

二、出境旅游花费规模与增长情况

历年出境旅游花费数据从2008年的409.87亿美元开始，逐渐呈上升趋势，其中 2011—2012 年上升速度最快，从 2011 年的 790.1 亿美元迅速上升到 2012 年的 1098.98 亿美元，2012 年之后上升趋势又趋于缓和，2013 年数据显示出境旅游花费达到 1286 亿美元。2014 年快速增长，达到 1648 亿美元。2009 年至 2013 年出境旅游花费年增长率数据显示，2009 年至 2012 年花费增长率逐年增加，从 2009 年的 14.93% 小幅度增至 2011 年的 32.04%，2011—2012 年增幅将近 2 倍，2012 年之后增速减缓，降至 17.02%，出境旅游花费仍呈现小幅增长趋势。

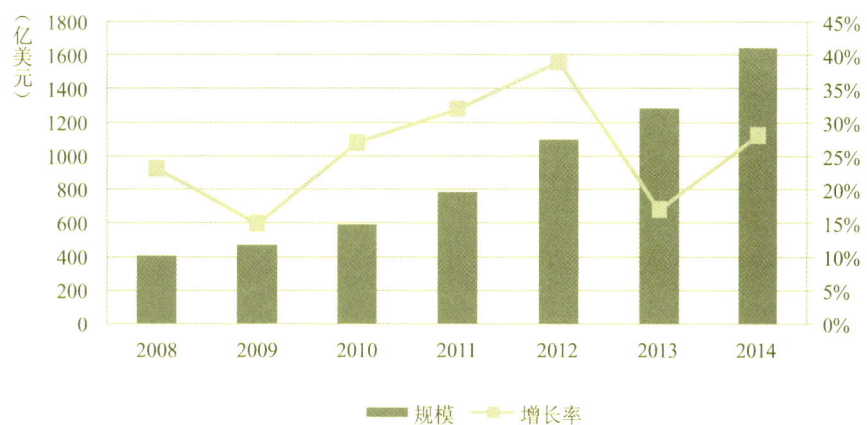

图 1-6　2008—2014 年我国出境旅游花费规模和增长率

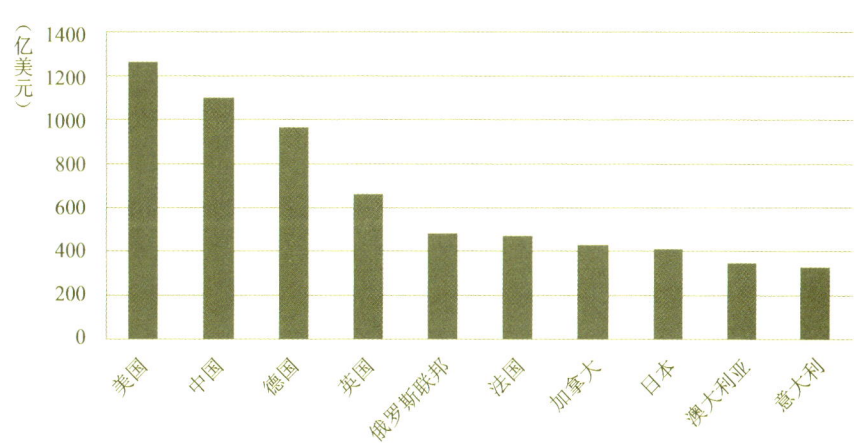

图 1-7　2012 年出境旅游花费世界排名情况（前十名）

资料来源：世界银行。

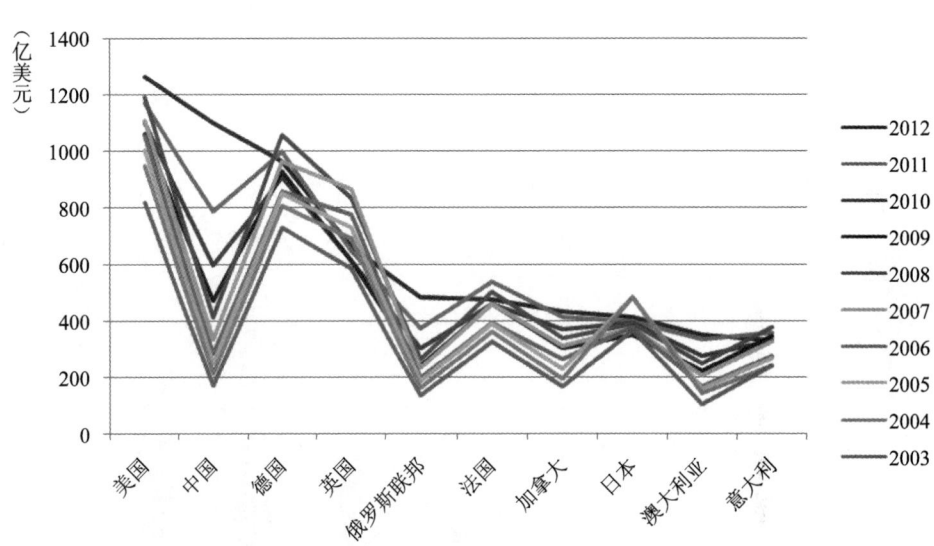

图 1-8 2012 年出境旅游花费世界前十名国家近十年变化

资料来源：世界银行。

第二节 流量与流向

一、中国出国旅游市场规模与增长情况

2014 年我国出国旅游市场规模持续扩大，出国游客数量达到 3140.54 万人次，比 2013 年同比增长 16.1%①。从出境旅游人数的月度数据来看，高峰期主要集中在 7、8 月，下半年的出国旅游人次从整体上看较上半年规模更大。

---

① 2014 年出国游客数量为估计值，12 月的出国游客数量暂缺。

第一章 2014年中国出境旅游总体状况
Chapter One   Overview of China Outbound Tourism in 2014

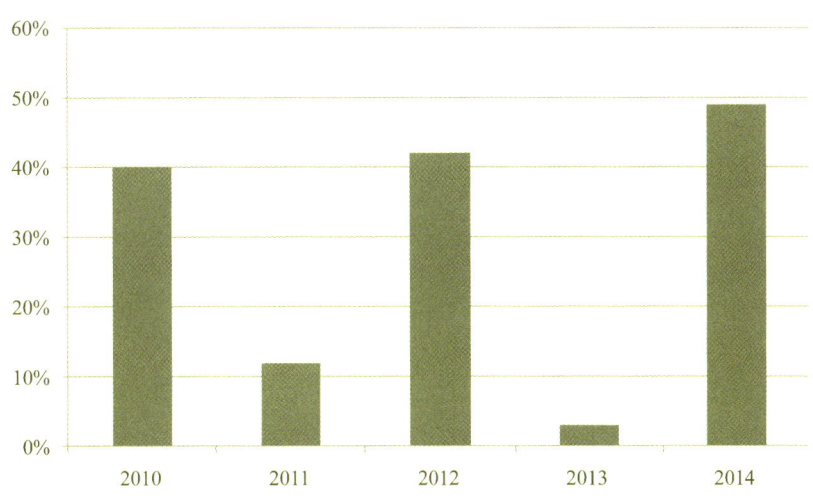

图1-9   2010—2014年我国出国旅游同比增长率

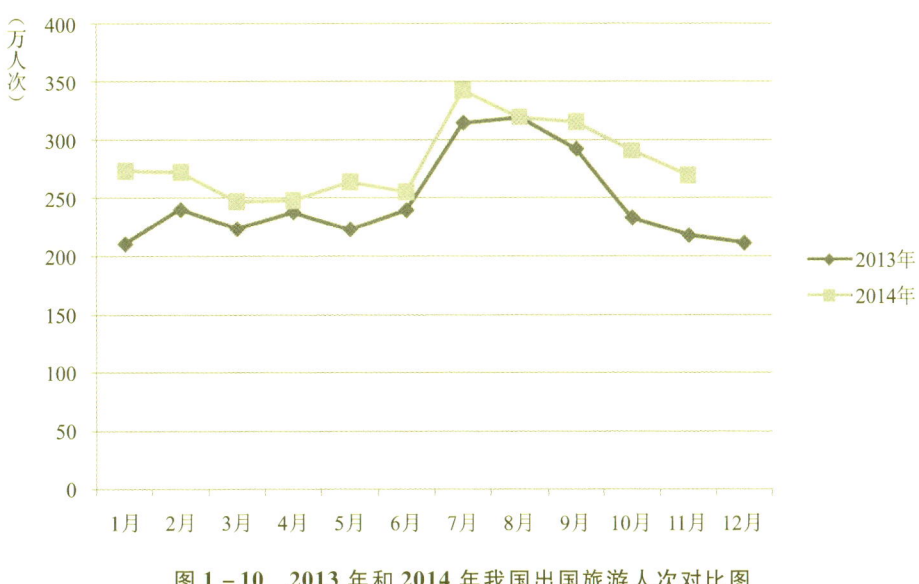

图1-10   2013年和2014年我国出国旅游人次对比图

二、内地（大陆）赴港澳台市场规模与增长情况

近年内地（大陆）赴港澳台旅游人数持续上涨，2014年1~11月达到7422.85万人次，比去年同期增长19.82%。其中香港仍是最主要目的地，

2014年1～11月接待内地（大陆）游客达到4218.68万人次，超过了港澳台地区接待游客数的一半。

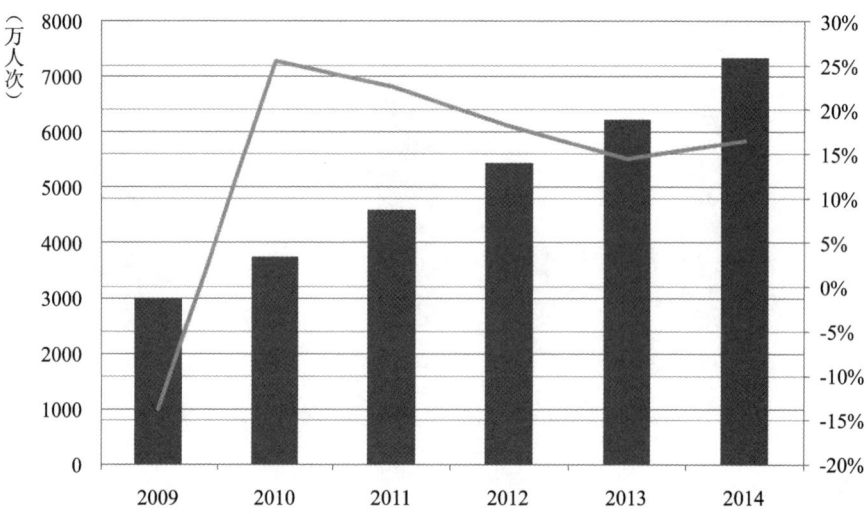

图1-11　2009—2014年我国内地（大陆）赴港澳台旅游总人次和年增长率

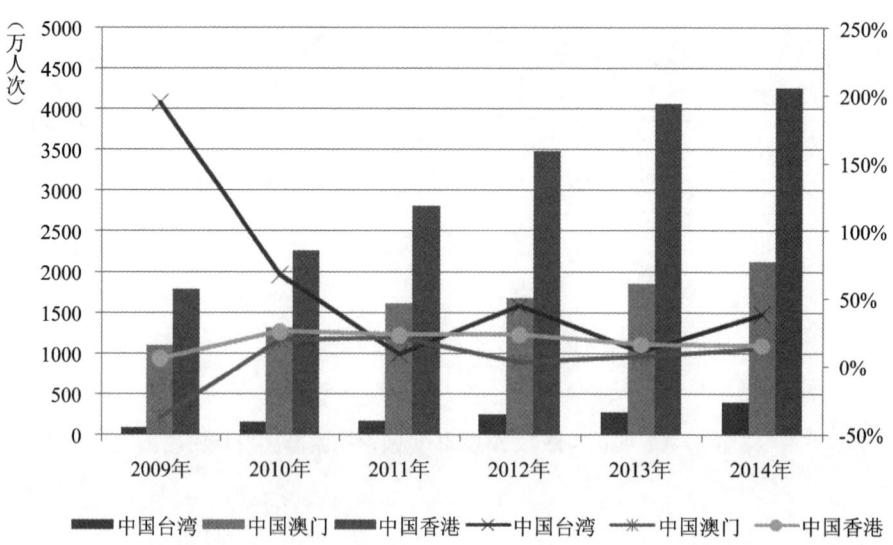

图1-12　2009—2014年我国内地（大陆）分别赴港澳台旅游人次和增长率

三、出国与赴港澳台市场比较

近年出国游和赴港澳台旅游人数持续上涨,2014年1～11月赴港澳台游客达到7422.85万人次,仍占据着我国出境游的过半份额,出国游客达到3140.54万人次。

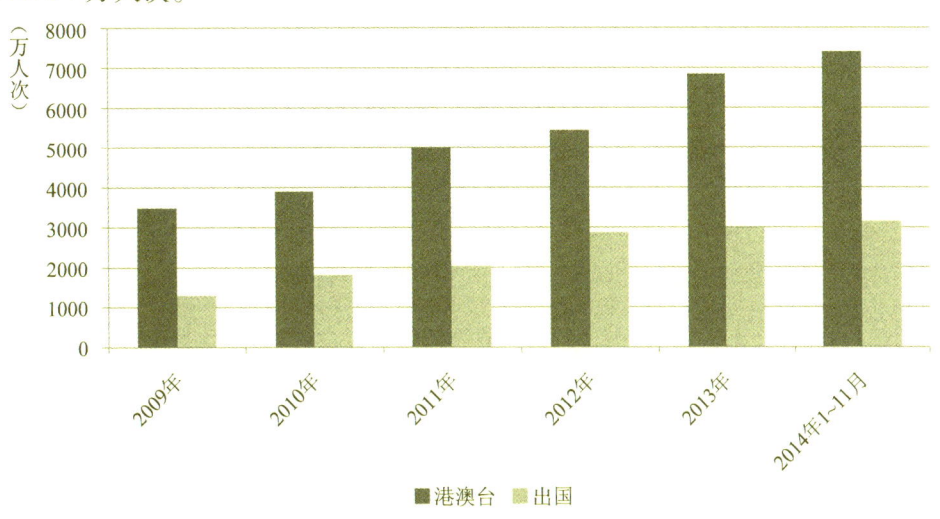

图1-13　2009—2014年我国内地（大陆）出国旅游人次与赴港澳台旅游人次比较

四、2014年主要出境目的地数量与份额

2014年1～11月我国出境旅游还是以近程目的地为主,即使不将港澳台市场纳入统计,亚洲市场仍然占据洲际市场的首位,所占比例达到65.4%,其余依次为欧洲（11.7%）、非洲（9.4%）、美洲（9.0%）、大洋洲（3.9%）。其中赴非洲游客的同比增长速度达到80.9%,这也成为赴非洲游客数量超过美洲的重要原因。赴大洋洲游客的同比增长速度也达到24.3%。

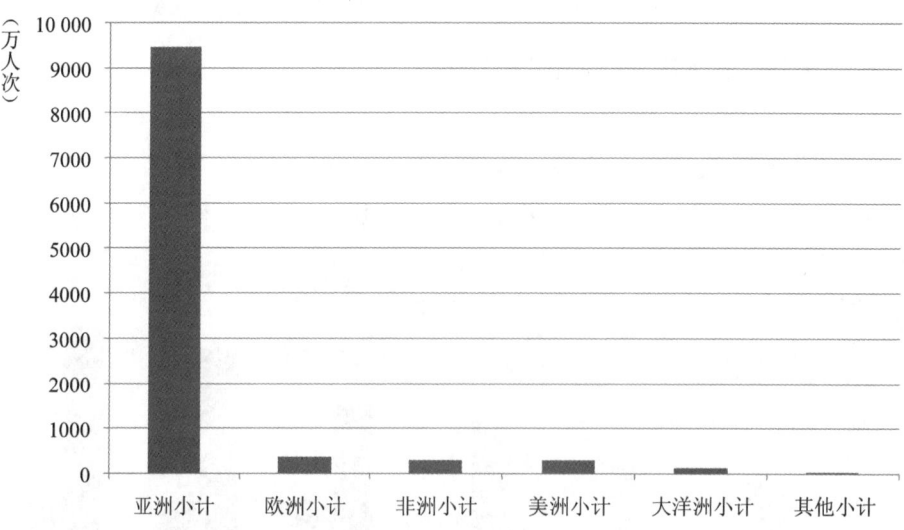

图 1-14　2014 年 1~11 月我国内地（大陆）出境游洲际市场数量

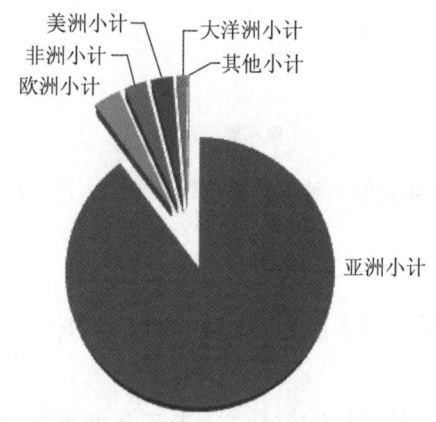

图 1-15　2014 年 1~11 月我国内地（大陆）出境游洲际市场份额

2014 年 1~11 月，中国（内地）出境旅游目的地前两位仍然被中国香港和澳门占据，分别占总量的 39.94% 和 26.89%。在出国旅游的目的地中，韩国、泰国、日本、美国、越南、新加坡、马来西亚、俄罗斯、印度尼西亚、澳大利亚是前十位目的地。前十位出国目的地占到了出国旅游规模的 65.4%。其中赴韩国、日本的同比增长率高达 43.3%、50.8%。因为《泰囧》这部电影在中国的火爆，2013 年推动了赴泰国游人数的大幅增长，2014 年虽然赴泰国的规模基本与 2013 年持平，但仍使泰国在目的地当中位居高位。

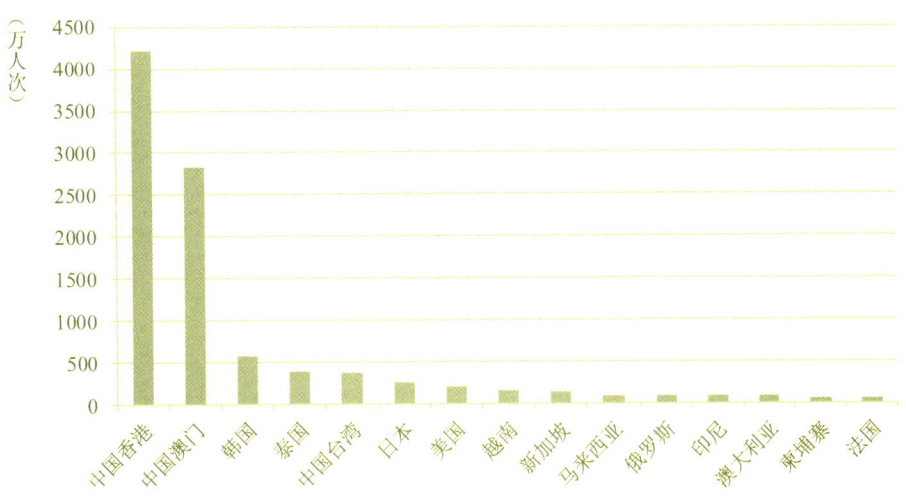

图 1-16　2014 年 1~11 月我国内地（大陆）主要出境
旅游目的地游客数据排名（前 15 位）

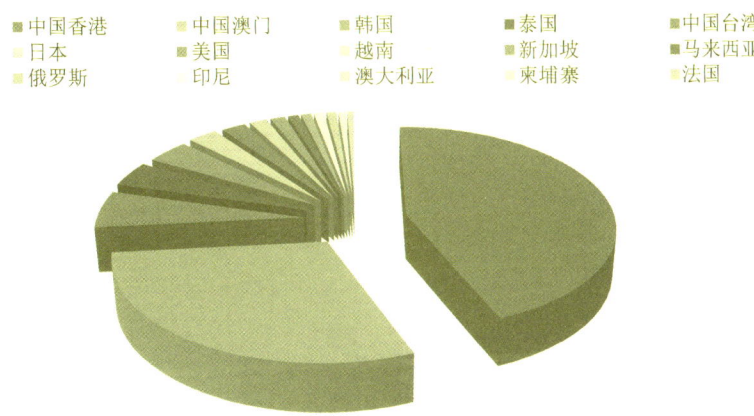

图 1-17　2014 年 1~11 月主要出境旅游目的地
接待中国内地（大陆）游客市场份额（前 15 位）

第三节 影响因素

一、客源地视角

（一）国民经济持续增长与 CPI 下降提升了出境旅游需求

2014 年我国国内生产总值持续增长，达到 636 463 亿元的历史新高，按可比价格计算，比上年增长 7.4%。城乡居民收入也有大幅提升，2014 年全国居民人均可支配收入 20 167 元，比上年名义增长 10.1%，扣除价格因素实际增长 8.0%，其中城镇居民人均可支配收入 28 844 元。经济的持续向好和人均可支配收入的增长，刺激了国民的旅游消费意愿，为出境旅游的发展奠定了良好的基础。根据 2014 年后三季度中国大陆居民旅游意愿调查数据，经济收入原因（不足）是不出游的主要原因。国内生产总值和人均可支配收入的增长，无疑有效地消减了经济方面的障碍，增进了出游需求。2014 年我国 CPI（居民消费价格指数）呈现大幅度下降的趋势。这表明居民的生活成本下降，居民可以用于消费的货币逐渐增多，对居民的出境旅游有较大的推动作用。

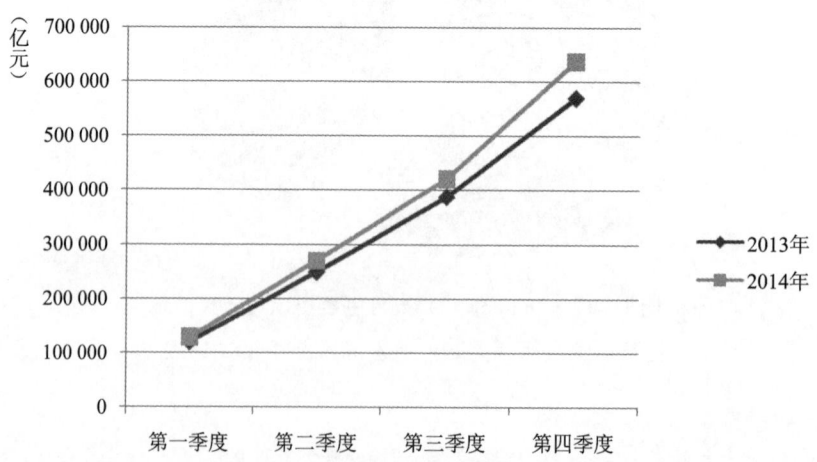

图 1-18　2013 年与 2014 年 1~4 季度中国 GDP 变化比较图

注：引用国家统计局 2014 年国内生产总值（GDP）初步核算情况。

第一章　2014年中国出境旅游总体状况
Chapter One　Overview of China Outbound Tourism in 2014

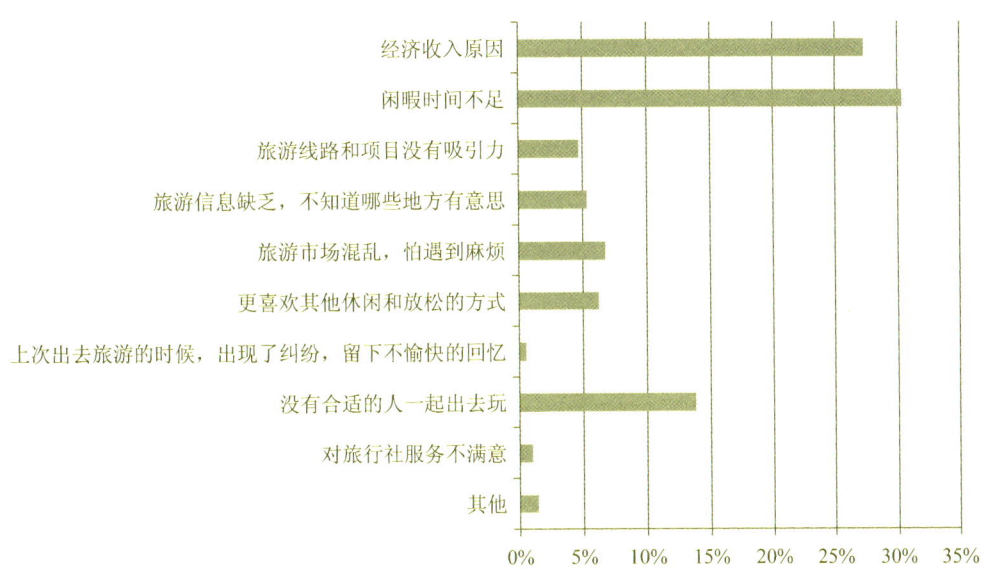

图 1-19　2014 年中国游客不出游原因统计

注：引用 2014 年后三季度中国内地（大陆）居民旅游意愿调查数据。

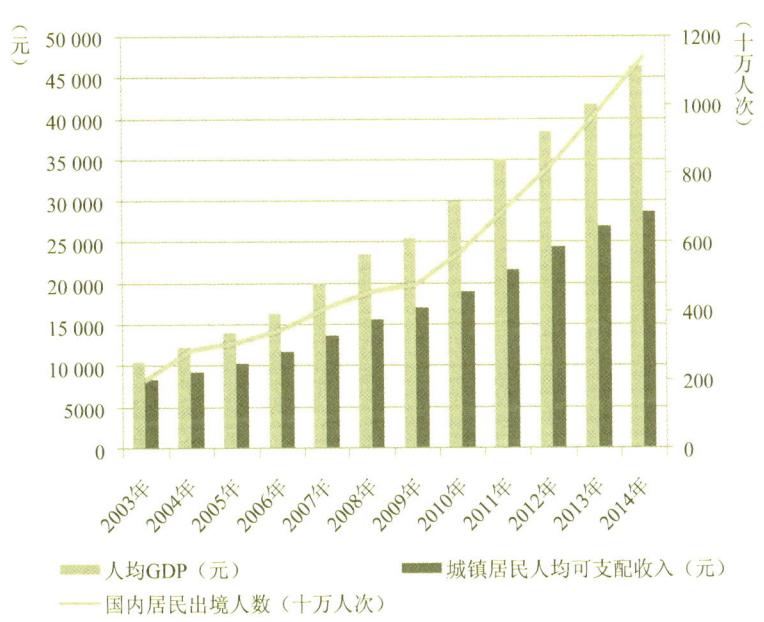

图 1-20　2000—2014 年人均 GDP、人均可支配收入和国内居民出境人数变化比较

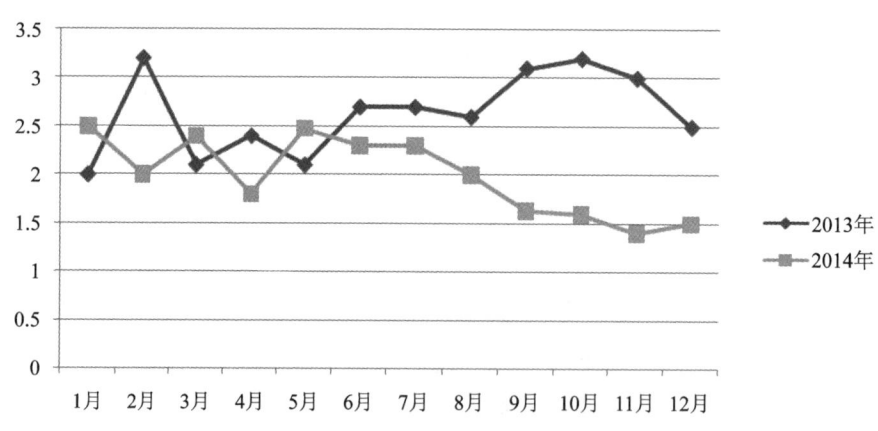

图 1-21　2014 年 CPI 指数变化

（二）空铁联运进一步扩展了出境旅游的客源产生范围

2014 年，更加广泛的高铁覆盖网络促进了区域旅游的无障碍发展，使沿线城市通往口岸城市的交通更为便捷，促进了出境旅游的发展。在铁路里程增长的同时，高铁与航班联运模式进一步延展了出境旅游市场的触角，使得口岸城市和交通枢纽城市的影响有效放大，进一步扩展了出境旅游的客源形成空间。

表 1-1　2014 年部分城市空铁联运政策

城市	空铁联运政策
武汉	岳阳、长沙、株洲、衡阳、郴州的旅客，购买南航进出武汉至莫斯科、旧金山等国际及地区航线航班，可获得由南航免费提供的旅客所在城市与武汉间的高铁车票（二等座）。
北京、天津	2014 年 5 月开始的京津空铁联运航班范围扩大，几乎所有从天津起飞的国内航班都能报销高铁票，而乘坐国际航班的高铁票虽不能立即报销，但回国后可以报销。
上海	早在 2013 年，春秋航空与上海铁路局即宣布空铁联运，在上海和华东共 15 座城市，由廉价航班和高铁列车无缝中转，形成"华东 1 小时低成本空铁快线圈"，给予选择这一组合方式的旅客最多节约近一半旅行成本的可能。
广州	湖南省岳阳、长沙、株洲、衡阳、郴州 5 个城市的旅客，从 2014 年 9 月 1 日起，如果购买从广州出境的南航"空铁联运"机票，即可享受湖南至广州段的高铁票免费优惠。"空铁联运"机票适用航班为南航广州始发飞往澳洲、欧洲、北美的大部分国际长航线。

续表

城市	空铁联运政策
成都	2014年底，川航携手成都铁路局，将航班与成绵乐高铁互联，首次推出"川行通"空铁联运产品。旅客购买"川行通"产品的航空运输段机票价格在五折及以上，还可有机会免费搭乘成绵乐高铁通达绵阳、德阳、江油、峨眉山、乐山五地。
深圳	2014年6月起，搭乘深圳宝安机场航班往来珠三角各地的旅客，可以通过机场高铁专线巴士，与深圳北站高铁实现无缝接驳。

（三）经营出境旅游业务旅行社的扩展以及OTA的发展为出境旅游提供了新动力

截至2014年11月底，我国具有出境旅游业务资质的旅行社共计2580家，较去年同期大幅增加了494家（23.68%）。依托更加充足的出境旅游客源，经济相对发达地区的出境组团社数量增长更为迅速。目前，前5位（CR5）的北京、广东、山东、浙江和辽宁分布的出境组团社占总数的46.55%，占比提升1.2个百分点。而前10位地区（CR10）的占比进一步提升至63.61%。相比之下，后5位地区拥有的出境组团社仅占总数的2.83%，后10位地区的占比也仅为9.92%，占比均较去年微降。各省市区具体分布见图1-22。

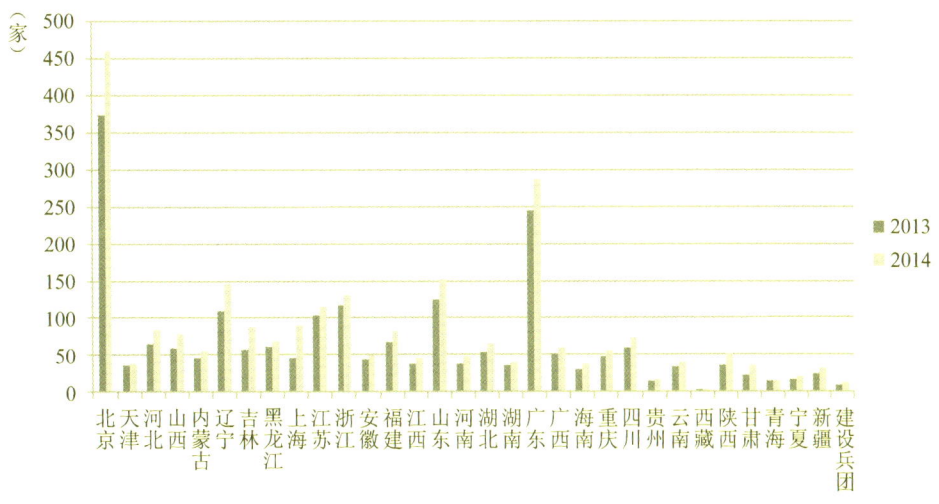

图1-22 经营中国公民出境旅游业务旅行社地域分布

资料来源：根据国家旅游局网站资料整理。

2013年8月6日，海峡两岸旅游交流协会根据各地旅游发展、赴台游市场规模和交通条件，在已开放四批共216家赴台游组团社的基础上，进一步确定开放了第五批赴台游组团社名单，涉及29个省（自治区、直辖市）47家旅行社。至此，大陆居民赴台旅游组团社增至263家。赴台组团社已经向全国开放，但获权组团社同样呈现非均衡性分布，东部沿海数量突出，仅北京、广东、浙江、福建和江苏五个东部省市之和就占到全国的33.84%，而中西部地区依旧相对匮乏，如图1-23所示。

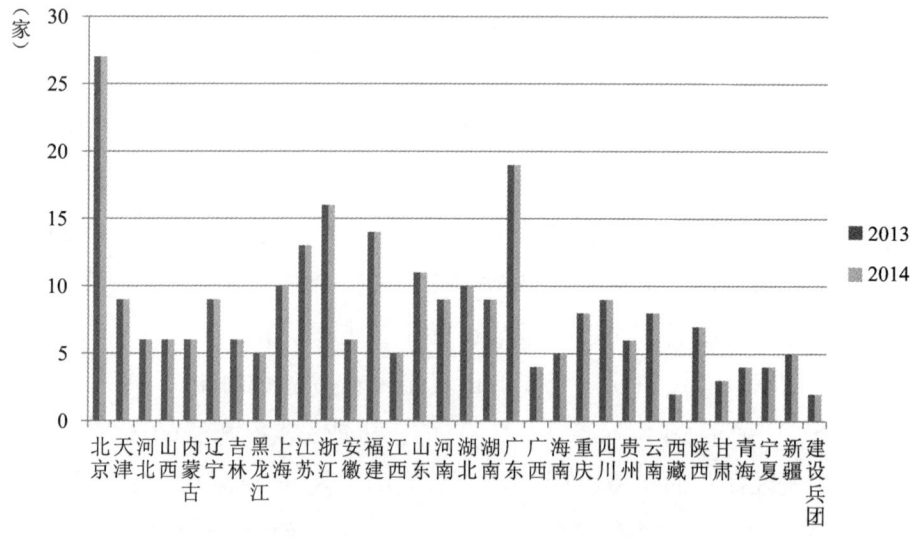

图1-23 指定经营大陆居民赴台旅游业务旅行社全国分布情况（前五批，共263家）

资料来源：根据国家旅游局网站资料整理。

国家对外资、合资旅行社业务范围的限制不断弱化。2010年8月，国家旅游局和商务部出台《中外合资经营旅行社试点经营出境旅游业务监管暂行办法》，允许取得试点资格的中外合资经营旅行社，从事招徕、组织、接待中国内地居民出国旅游和赴香港、澳门特别行政区旅游的经营活动，并将在试点的基础上，逐步对外商投资旅行社开放经营中国内地居民出境旅游业务。2013年上海自由贸易试验区允许在试验区内注册的符合条件的中外合资旅行社，从事除台湾地区以外的出境旅游业务，并取消了两年的经营限制。外资旅行社的加入将使国内旅行社的出境游业务面临更激烈的竞争，对于国内旅游者来说，选择旅行社的范围扩大，能够享受更加全面和优质的服务，对于出境旅游的发展有一定的促进作用。

2014年,互联网是游客获取信息的主要渠道。而OTA(在线旅行社)给中国游客提供了更多境外目的地机票、酒店选择,使出境更加便利,携程、去哪儿和同程等成为市场主力。值得关注的是,2014年线上自由行服务更趋多元化,创新层出不穷,对细分市场的开拓更为深入,有力推动了出境旅游市场的增长。可以看出,当前在线出境自由行市场呈现出加速竞争和抢占市场的态势。国中青等传统旅行社在电商化的道路上逐步创新,中青旅旗下的遨游网,港中旅集团下属的芒果网都属此类代表。而OTA也持续发力,携程、艺龙、去哪儿等OTA在维持原有份额的同时加速开拓新市场,希望在移动互联时代获取更多的竞争优势。如携程在稳固自身预订业务的同时,面对迅速增长的出境游业务,将目光扩展至租车、酒店、境外网络服务等领域,推动"平台战略",力求形成业务发展的闭环;阿里淘宝更是将"淘宝旅行"直接升级为全新独立品牌"去啊",通过收购高德地图和穷游网,全面布局旅游市场。细分市场的竞争趋于白热化,出境市场的旅游产品、自助攻略、社区分享甚至语言、国外就医等领域都有涉及,诸如"口碑旅行"主打出境旅游服务新的的汇聚和整合、"海玩网"专注于海外供应方和用户之间的链接,探索"出境旅游特卖"模式。值得注意的是,竞争的同时也展开了不同程度的合作,如去哪儿和携程旅行网之间就旅游相关业务达成的一系列合作,这种竞争合作的关系能够给出境游客在机票、酒店、交通等方面带来更大优惠和更多选择,也成为推动出境游市场发展的有力因素。

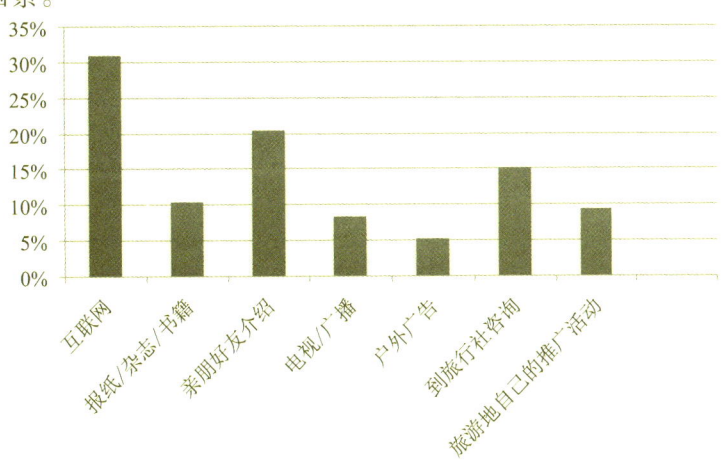

图1-24 2014年获取旅游产品信息渠道

资料来源:2014中国内地(大陆)居民旅游意愿调查数据。

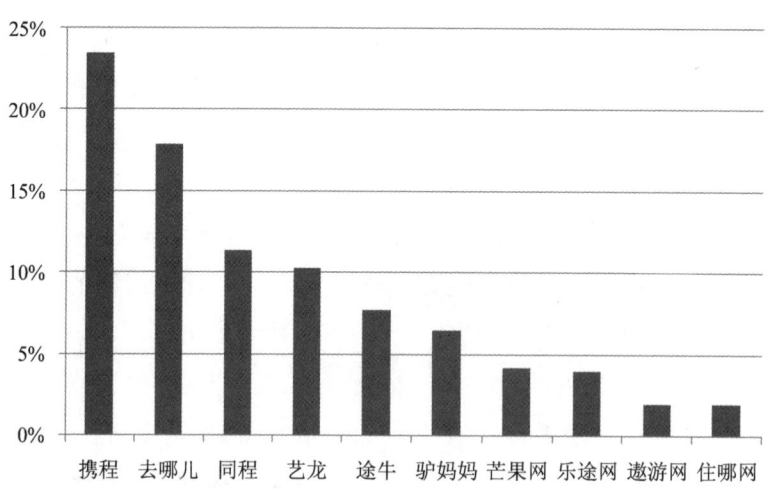

图1-25　2014年OTA市场份额

表1-2　2014年OTA服务创新

OTA	举措
中青旅遨游网	"参团游""自由行""当地旅游"等类别，方便游客检索。
穷游网	为钟爱穷游一族打造出境自助游折扣产品集纳模式，该平台涵盖境外酒店、机票、景区门票、活动演出票等。
世界邦	推出"旅行产品商城"平台，该平台整合了目的地门票、租车、购物、通票等旅游产品，用户在世界邦可以按需检索适合自己的产品，并推出离线"导游"，游客可下载好目的地的离线地图包，涵盖目的地海量信息，更加完善游客的自由行旅程。
爱旅行	更新旅行社和航空公司卖不出去的酒店房间和机票，以超低价甩卖给用户。
来来会	主要着力在预订模式，通过购买航空公司和酒店在淡季的低价产品获取淡季的价格竞争优势。
苏宁易购旅行频道	海量航班覆盖全球热门出境航线，出境酒店预订业务持续发力。
旅行范	开创"旅游形态智能导购引擎"，更加精准地锁定目标客户，进行产品的推送，走交易端，用智能推荐为旅游电商导购，提高推荐的转换率。
支付宝	先后与Stripe、Uber以及全球旅行房屋租赁社区Airbnb展开合作，便利出境游客的消费和支付方式。

续表

OTA	举措
百程旅行网	集中于签证业务,推出"拒签退全款",降低签证费用,提高签证流程和服务,以此为突破口强化品牌认同和知名度。
携程旅行网	先后推出出境旅游Wi-Fi全覆盖、针对出境自由行产品的"旅行无理由取消险""全透明"签证代理服务。2013年以来,携程相继入股或收购了酒店快捷管家、上海大都市旅行社和香港华闽旅游两家酒店批发商、易到用车、一嗨租车,以及两大OTA公司途家网和途风网。此外它还入股了7天酒店,并投资众安保险。这些资产多位于华东和华南两大地区,产品类型覆盖OTA产业链上下游。
阿里	将"淘宝旅行"升级为全新独立品牌"去啊",重点关注消费者的度假出行需求,布线旅游社交和酒店垂直搜索,还收购了穷游网和高德地图,再通过佰程网布局锁死出境旅行的第一道关卡,其在O2O领域的布局基本完整成型,形成了业务闭环。
口碑旅行	定位为基于互联网搜索和大数据挖掘的出境游决策引擎,利用垂直搜索技术,从社交网站、预订网站、点评网站(其中绝大部分是国外网站)等,全网抓取出境游服务的评价信息,然后再把这些信息以餐馆、酒店、景点、购物和活动等类别进行归类,不允许用户提交点评,专长于数据聚合和数据挖掘,不和UGC(用户原创内容)型网站和App(应用程序)竞争。
海玩网	海玩网的价值在于"直销"模式,通过前往当地直接找到资源方,让供应方和最终端的用户都能得到更大的利益,除了当地产品的预订以外,海玩还提供出境"机+酒"套餐的"闪购",总体想打造"出境自由行特卖会"的体验。
去哪儿	与携程达成合作,携程的酒店、机票、度假等业务在去哪儿网平台上进行搜索营销推广,扩充产品信息、丰富产品种类。

二、目的地视角

(一)签证便利化与ADS(旅游签证)协议扩展降低了目的地的进入门槛并扩大了目的地范围

截至2014年6月29日,根据公安部出入境管理局最新政策,目前共有49

个国家（地区）对持普通护照的中国公民个人因私前往，实施免签、落地签证政策。互免签证 4 个国家：圣马力诺、塞舌尔、毛里求斯、巴哈马。单方面免签 8 国家（地区）：萨摩亚、海地、韩国济州道地区、美属北马里亚纳群岛联邦（塞班岛）、英属特克斯和凯科斯群岛、英属南乔治亚和南桑威奇群岛、牙买加、多米尼克。单方面落地签 37 个国家（地区）：马尔代夫、印度尼西亚、格鲁吉亚、文莱、斐济、科摩罗、帕劳、缅甸、东帝汶、巴林、约旦、阿联酋、老挝、黎巴嫩、尼泊尔、斯里兰卡、泰国、土库曼斯坦、伊朗、越南、埃及、多哥、佛得角、几内亚比绍、科特迪瓦、马达加斯加、马拉维、塞拉利昂、坦桑尼亚、乌干达、圭亚那、英属圣赫勒拿、图瓦卢、瓦努阿图、柬埔寨、肯尼亚、孟加拉。明确规定中国公民团体或旅游团可免办签证的国家和地区有俄罗斯、白俄罗斯、阿塞拜疆、格鲁吉亚、土库曼斯坦、摩尔多瓦、厄瓜多尔。

为了吸引更多的中国游客，各国纷纷推出放宽签证限制政策。除亚洲国家之外，欧洲也在积极改革签证政策。2014 年 APEC 召开后各国对华签证政策持续改善，在签证程序简化、签证政策放宽、延长免签计划等方面都有所表现，并且取得了显著的成效。此前，曾因对华签证政策过于严格而饱受批评的英国积极改变，推出 24 小时超级优先签证服务。法国、德国、意大利等欧洲国家也不甘落后，纷纷推出了针对中国游客的签证简化措施。具体相关变化如表 1-3 所示：

表 1-3 2014 年签证便利情况一览

国家/地区	签证便利类型	具体措施
韩国	签证促销活动	韩国为吸引更多的中国游客，决定阶段性地放宽对游客的签证签发条件： 1. 扩大多次往返签证对象和有效期； 2. 为患者看护人员（护工）签发签证； 3. 与签证接收机构联合制定在线签证接收系统，统一各领事馆签证签发必须材料等简略签证签发步骤。

续表

国家/地区	签证便利类型	具体措施
泰国	签证促销活动	泰国从8月9日到11月8日对中国大陆及中国台湾游客在8、9、10三个月短期免签证费。
英国	优先签证服务	推出24小时超级优先签证服务。即提交申请后可在24小时内得到受理并获得结果。
法国	优先签证服务	1. 1月27日起对中国游客推出48小时内发签证；无须翻译所有证明材料，只须将工作证明翻译成英文或法文等。 2. 扩大了1年至5年有效期的短期签证发放范围，多次入境签证有效期最长90天。
德国	优先签证服务	方便快捷签证办理程序，外包服务通常只需3个工作日即可完成办理申根签证，并且无须另付加急费用等。
意大利	优先签证服务	针对个人旅游推出签证"绿色通道"。
日本	放宽签证政策	1. 放宽中国人赴日往返多次签证审核。 2. 免除首站必须前往东北地区岩手、宫城、福岛三县或冲绳的落地限定。
美国	放宽签证政策	1. 中国公民赴美旅游或短期商务签证期限为10年。 2. 中国公民赴美留学签证期限F/M/J为5年。
巴西	放宽签证政策	巴西、中国两国可互为对方商务人员颁发有效期最长3年的多次入境、每次停留期限不超过90日的签证。
印度	放宽签证政策	将对中国公民的半年期商务签证延长至1年且可以多次往返。
斐济	放宽签证政策	对中国公民实行免签证政策，而且游客最多可以停留4个月。
罗马尼亚	放宽签证政策	1. 加入《申根协定》； 2. 试行72小时过境免签措施。

续表

国家/地区	签证便利类型	具体措施
克罗地亚	放宽签证政策	1. 加入《申根协定》； 2. 试行72小时过境免签措施。
俄罗斯	优先签证服务	1. 个人游签证申请可网上填表； 2. 试行72小时过境免签措施。
肯尼亚	放宽签证政策	肯尼亚、卢旺达和乌干达东非三国实施全新的签证政策，即"单一旅游签证"。
加拿大	放宽签证政策	赴加签证升级为10年多次往返。
瓦努阿图	优先签证服务	1. 简化中国游客签证办理流程，5日内可领签证。既可落地签，也可预签证。 2. 中国游客只要持护照和打印出的电子签证出境即可。

资料来源：根据相关网站数据整理。

签证的放宽取得了立竿见影的效果。如中国和美国签署协议将旅游签证和商务签证有效期延长至10年之后，2014年12月，美国向中国公民发放的签证数量激增68.2%，与2013年同期相比美国签发给中国公民的B1商务签证和B2旅游签证数量从209 100张增加至351 650张。美国驻成都总领事馆数据显示，2014年成都赴美旅游签证率比去年增长了36%。

表1-4 2014年签证便利情况及相应出境人数变化一览

国家/地区	签证变化	游客增长
美国	1. 中国公民赴美旅游或短期商务签证期限为10年。 2. 中国公民赴美留学签证期限F/M/J为5年。	1. 12月美国向中国公民发放的签证数量激增68.2%。 2. 出游便利性大幅提升，降低赴美签证出游成本。 3. 赴美游人数或增6成以上。 4. 2014年成都赴美旅游签证率比去年增长了36%。

续表

国家/地区	签证变化	游客增长
泰国	泰国从8月9日到11月8日对中国大陆及中国台湾游客在8、9、10三个月短期免签证费。	1. 10月中国赴泰国人数上涨67%。 2. 免费期内,曼谷的素万那普国际机场每天迎来3000~5000名中国游客,而此前仅为1000人左右。
日本	1. 放宽中国人赴日往返多次签证审核。 2. 免除首站必须前往东北地区岩手、宫城、福岛三县或冲绳的落地限定。	1. 2014年中国公民赴日签证数创历史新高为上年同期的约2.3倍。 2. 2014年上海赴日签证数量约为87.4万件,比此前最高值2012年的43.5万件增加50%,为全国最高。

资料来源:根据相关网站数据整理。

2014年8月国发〔2014〕27号提出取消边境旅游项目审批,将旅行社经营边境游资格审批和外商投资旅行社业务许可下放至省级旅游部门。同时不断提高签证签发、边防检查等出入境服务水平。在东盟－湄公河流域、大湄公河次区域、中亚区域、图门江地区及孟中印缅、中巴经济走廊等区域合作框架下,该措施有利于促进边境旅游的发展。具体相关变化如表1-5所示:

表1-5 2014年边境签证便利情况一览

国家/地区口岸	签证便利类型	游客增长
中俄朝珲春	中朝边境旅游办证业务逐步恢复常态化	1. 2014年中俄朝珲春口岸边境旅游异地办证5132件;珲春口岸出入境人数超过80万人次。 2. 2014年互市贸易区实现俄边民入区15万人次,对俄旅游贸易蓬勃发展。 3. 成功举办中俄边境市长合作会议、国际现代物流论坛和东北亚旅游论坛,区域合作主导地位显著提升。 4. 珲春口岸已开通珲春至俄罗斯扎鲁比诺港及符拉迪沃斯托克等地的旅游线路,以及珲春经扎鲁比诺至韩国束草和日本新潟的跨国陆海联运航线。

续表

国家/地区口岸	签证便利类型	游客增长
中蒙俄二连浩特	中蒙边境旅游办证业务逐步恢复常态化	1. 中蒙俄三国自驾旅游团增长较快； 2. 二连浩特—乌兰巴托—贝加尔湖旅游线路成为国际自驾车旅游品牌线路。
中哈霍尔果斯	中哈边境旅游办证业务逐步恢复常态化	1. 2014年中哈霍尔果斯口岸出入境人数逾200万，同比增长50%； 2. 打造了西北地区首个免税购物中心； 3. 购物游增长较快。
中老磨憨	中老边境旅游办证业务逐步恢复常态化	1. 2014年1～11月中老磨憨口岸出入境人数88万，同比增长26.5%； 2. 自驾游增长较快； 3. 边境旅游环线业务增长较快； 4. 边境游、一日游增长较快。
中缅打洛	中缅边境旅游办证业务逐步恢复常态化	1. 2014年1～11月中缅打洛口岸出入境人数165.75万，同比增长26.5%； 2. 边境游、一日游增长较快。
中越河口	中越边境旅游办证业务逐步恢复常态化	1. 2013年中越河口出入境旅客已达309.21人次，同比增幅3%。其中，接待跨境旅游团6869个，游客216 746人次，同比增幅32%。 2. 边境游、一日游增长较快。

资料来源：根据相关网站数据整理。

目前，与中国政府签订ADS协议的国家和地区超过150个，正式实施开放的旅游目的地达到117个，仅较去年增加1个（具体见表1-6）。

第一章 2014年中国出境旅游总体状况
Chapter One　Overview of China Outbound Tourism in 2014

表1-6　正式实施开放的旅游目的地列表

	亚洲（31）	大洋洲（10）	欧洲（39）	非洲（19）	美洲（18）
1983—1992年	中国香港、中国澳门、泰国、新加坡、马来西亚、菲律宾				
1998年	韩国				
1999年		澳大利亚、新西兰			
2000年	日本、越南、柬埔寨、缅甸、文莱				
2002年	尼泊尔、印度尼西亚		马耳他、土耳其	埃及	
2003年	印度、马尔代夫、斯里兰卡、巴基斯坦		德国、克罗地亚、匈牙利	南非	古巴
2004年	约旦		希腊、法国、荷兰、比利时、卢森堡、葡萄牙、西班牙、意大利、奥地利、芬兰、瑞典、捷克、爱沙尼亚、拉脱维亚、立陶宛、波兰、斯洛文尼亚、斯洛伐克、塞浦路斯、丹麦、冰岛、爱尔兰、挪威、罗马尼亚、瑞士、列支敦士登	埃塞俄比亚、津巴布韦、坦桑尼亚、毛里求斯、突尼斯、塞舌尔、肯尼亚、赞比亚	

31

续表

	亚洲（31）	大洋洲（10）	欧洲（39）	非洲（19）	美洲（18）
2005年	老挝	北马里亚纳群岛联邦、斐济、瓦努阿图	英国、俄罗斯		智利、牙买加、巴西、墨西哥、秘鲁、安提瓜和巴布达、巴巴多斯
2006年	蒙古	汤加			格林纳达、巴哈马
2007年	孟加拉、叙利亚、阿曼		安道尔、保加利亚、摩纳哥	乌干达、摩洛哥、纳米比亚	阿根廷、委内瑞拉
2008年	中国台湾、以色列	法属波利尼西亚			美国
2009年	阿拉伯联合酋长国	巴布亚新几内亚	黑山共和国	佛得角共和国、加纳共和国、马里共和国	圭亚那、厄瓜多尔、多米尼克
2010年	朝鲜、乌兹别克斯坦、黎巴嫩	密克罗尼西亚	塞尔维亚共和国		加拿大
2011年	伊朗伊斯兰共和国				
2012年		萨摩亚独立国		马达加斯加共和国、喀麦隆共和国	哥伦比亚共和国
2013年				卢旺达共和国	
2014年			乌克兰		

资料来源：整理自国家旅游局网站。

(二) 以银联为代表的支付网络发展便利了目的地消费

近年来，中国游客的支付渠道和支付方式不断丰富。以银联为代表的国际支付网络有力提升了出境游客的支付便利，增进了潜在游客的出境旅游动力。目前，游客已经可以在全球150多个国家和地区使用银联卡，包括在2600万家商户刷银联卡消费，以及在近180万台ATM机上用银联卡取现，中国游客出境游普遍习惯使用银联卡。

在中国游客最常到访的出境游目的地，银联卡支付已非常便捷，比如香港和澳门的商户和ATM基本实现银联卡全面受理，韩国所有签名验证商户可以使用银联信用卡，美国90%以上的ATM和80%以上的商户可以用银联卡，英国境内所有ATM都可以用银联卡取款，澳大利亚80%的ATM和将近一半的商户也可以用银联卡……熟悉、安全的支付体验，也促使游客更愿意感受"说走就走"的出游乐趣。

同时，支付便利已经体现在中国游客出行的各个环节。出行前，游客可以在亚洲航空、汉莎航空、阿联酋航空等10余家知名航空公司网站用银联卡购票，也可以通过Agoda、Booking等预订酒店；在全球主要旅游目的地，游客不仅能在商场百货、酒店餐厅等场所刷银联卡消费，众多超市便利店、特色小吃店、出租车、游乐园、书店等日常消费场所也能受理银联卡，更可在港澳地区、韩国、台湾地区和澳大利亚的银联"闪付"终端上，直接"拍"卡支付；游客最常到访的机场免税店、核心商圈和知名商户还提供一系列银联卡专属优惠和礼遇；离境时，游客同样可以通过银联卡方便退税。

现在，中国游客已经可以在欧洲（法国、德国、意大利、英国等31个国家）、美洲（阿根廷）、大洋洲（澳大利亚）、亚洲（新加坡、韩国）共计35个国家和地区、30多万家环球蓝联、Fintrax等退税机构合作商户，用银联卡轻松退税。不仅不收任何手续费，税款还将直接转换成人民币，让游客享受"境外购物、境内退税"的全新退税模式，避免语言不通、流程烦琐等麻烦，便利游客的海外消费，这对于出境旅游的促进作用不可忽视。

与此同时，中国游客的境内外支付渠道也正日益丰富。2014年7月，央行发放了第五批第三方支付牌照，安邦保险、用友软件等19家企业获得进入支付行业的许可证，截至目前，获牌企业达269家，部分第三方支付公司也开始在境外提供支付服务。

(三)"欢迎中国"项目及各目的地优化了针对中国游客的服务

2014年,"欢迎中国"项目的影响不断扩大。"欢迎中国"是由中国官方唯一认可的面向中国游客的境外旅游服务标准,致力于研究和推广一套"为中国游客定制"的服务标准体系,旨在为中国游客提供更好的服务。商户通过参加"欢迎中国"认证项目,得到中国旅游研究院的认可,帮助各旅游目的地商户的服务提升以推广其在中国游客中的认知度。

"欢迎中国"项目的认证范围涵盖中国游客客户体验所需的全部服务,如饭店、机场、游轮、火车服务、旅游观光巴士、汽车租赁公司、零售商、博物馆和公园等。"欢迎中国"项目已遍布全球32个国家和地区,与此同时,2014年认证范围从酒店业拓展至交通设施领域,罗马机场和意大利高铁意塔罗均已先后加入"欢迎中国"项目。截止到2014年11月22日,参与认证的酒店已达133家。已获得"欢迎中国"项目认证的酒店绝大多数是四、五星级,如希尔顿、Best Western、Novotel、Star Hotel等,主要分布在意大利等欧洲国家与俄罗斯和中东,酒店的地域和认证级别分布情况如下表:

表1-7 2014年"欢迎中国"认证酒店的地域分布

国家	金牌	银牌	铜牌	合计	国家	金牌	银牌	铜牌	合计
意大利	5	32	23	60	西班牙			1	1
英国	2		2	4	塞浦路斯			1	1
瑞士	2	1	2	5	捷克共和国			1	1
印度尼西亚	2			2	波兰		1		1
新加坡	1			1	乌克兰			3	3
毛里求斯	1			1	俄罗斯	1	19	14	34
摩纳哥		3		3	克罗地亚			1	1
德国		2		2	保加利亚			1	1
法国		1	1	2	阿布扎比(阿拉伯联合酋长国)	3	1	4	8
美国			2	2	合计	17	60	56	133

2014年,罗马菲乌米奇诺机场和意大利高铁意塔罗均已加入"欢迎中国"

项目，为中国游客提供更加便捷、更为友好的接待环境，特别是满足中国游客在境外旅游过程中最基本的生活需求。国内方面，该项目目前已在中国多个地区开展推介活动，大大提升了活动的知名度，也使得国内游客出境旅游在食住行游购娱等方面有了更多的选择，消费更加有保障，对于出境游的发展起到了非常好的促进作用。

除了"欢迎中国"项目的各商家针对接待中国游客所作出的各种改进之外，其他出境旅游目的地国家也都在积极采取措施吸引中国游客，意大利宣布赴意签证36小时内出签，意大利驻华各使领馆都增派了签证官，确保中国游客能够及时解决旅游签证问题，保证顺利出游。2014年伊始，法国就宣布了48小时"旋风出签"的消息，并改变星期天工人不上班、商店不营业的百年历史，不希望数百万名前往巴黎的旅客，尤其是中国旅客于星期天离开巴黎前往伦敦购物。除此之外，德国驻上海和成都的领事馆已经做到了48小时内签发。德国2014年制定了"商务旅行"和"睿智奢华"两个推广主题。德国希望凭借会展强国的优势，吸引更专业的中国人士到德国进行商务旅行。英国有关部门声称，98%的签证申请都能在7个工作日内完成审批，并希望依托深厚的历史遗产，迷人的自然风光和一些特殊的旅游资源，依托历史遗产和自然风光这两大主题，吸引更多中国游客赴英旅游。同时，大力推广汉语服务，并积极培训中文导游等。作为世界第三大出境消费国，巴西旅游部门也使出浑身解数来博得中国游客的青睐。在一些酒店里，茉莉花茶和宫保鸡丁成为桌上餐；原本不提供牙刷、牙膏的宾馆，也备上了符合中国人习惯的日常用品。部分酒店特别为中国客人服务，订阅了中文报纸，服务生也进行了中国基本礼节和习俗的培训。亚洲方面，泰国通过了对中国大陆及中国台湾游客在8、9、10三个月免签证费的提案。以色列旅游部部长也表示，将简化中国游客赴以团队签证政策。此外，印度将放宽签证限制政策，中国游客有望受益。日本外务省2014年11月8日宣布，将放宽对中国个人游客的多次入境签证发放条件。签证条件放宽后，高收入人群无须符合第一次必须在岩手、宫城、福岛、冲绳各县中选择一处入境访问日本这一条件，可以赴日本全国各地。日本同时也将对中国经商人士、文化从业者及知识分子放宽发放条件。针对中国游客在海外的强劲购买力，各国在促销、导购培训、中文提示等方面作出改善。各国酒店、餐馆也针对中国游客的起居、饮食习惯加以创新，如在客房中增加电热水壶和茶包，早餐增加更加适合国人的豆浆、油条，餐厅增设中国餐具和菜品等，更加突出了"私人定制"的感觉。

由此可见，各国在争取中国游客上都从签证、购物和改善服务等方面加以改进，为了吸引更多的中国游客，放宽签证限制政策成为各国纷纷推出的"杀手锏"。

（四）各目的地地接社规模不断壮大增强了服务中国游客的能力

按照中国政府与各国签订的 ADS 协议，境外目的地政府需要批准指定资质优良的本地旅行社作为 ADS 地接旅行社（各目的地政府指定地接社数量见表1-8），以保障中国公民在境外旅游的权益，维护旅游服务品质。

表1-8 各目的地指定接待中国出境旅游团的旅行社数量

国家和地区	旅行社数量	国家和地区	旅行社数量	国家和地区	旅行社数量
中国台湾	384	俄罗斯	283	德国	847
马里共和国	157	牙买加	21	希腊	1246
巴布亚新几内亚	14	智利	17	匈牙利	53
阿拉伯联合酋长国	159	英国	126	意大利	794
多米尼克	4	瓦努阿图政府	3	拉脱维亚	20
厄瓜多尔	543	斐济政府	8	立陶宛	25
加纳共和国	21	北马里亚纳群岛联邦	4	卢森堡	5
黑山共和国	6	赞比亚	100	马耳他	131
圭亚那	6	肯尼亚	50	荷兰	67
佛得角共和国	5	塞舌尔	4	波兰	91
中国香港	303	突尼斯	13	葡萄牙	167
保加利亚	248	毛里求斯	45	斯洛伐克	43
纳米比亚	23	坦桑尼亚	30	斯洛文尼亚	10
摩洛哥	51	津巴布韦	17	西班牙	265
阿曼	26	约旦	45	瑞典	19
叙利亚	20	埃塞俄比亚	28	埃及	115
挪威	27	丹麦	25	土耳其	335
阿根廷	20	冰岛	70	印度尼西亚	90

续表

国家和地区	旅行社数量	国家和地区	旅行社数量	国家和地区	旅行社数量
安道尔	13	古巴	8	尼泊尔	77
孟加拉	75	巴基斯坦	8	文莱	64
委内瑞拉	5	克罗地亚	12	缅甸	51
乌干达	8	南非	26	柬埔寨	63
巴哈马	6	斯里兰卡	134	越南	44
格林纳达	5	马尔代夫	226	日本	305
汤加	10	印度	125	韩国	191
蒙古	12	奥地利	90	新西兰	35
老挝	21	比利时	138	澳大利亚	57
巴巴多斯	38	塞浦路斯	427	马来西亚	63
安提瓜和巴布达	3	捷克	126	新加坡	95
秘鲁	64	爱沙尼亚	32	泰国	336
墨西哥	90	芬兰	68	中国澳门	74
巴西	22	法国	409	美国	155
乌兹别克斯坦	42	塞尔维亚	6	加拿大	52
黎巴嫩	23	密克罗尼西亚	指定4个州的旅游局来联洽协调	朝鲜	11
伊朗	22	菲律宾	5	瑞士	58
以色列	118	马达加斯加	292	法属波利尼西亚	15
哥伦比亚	98	萨摩亚	3		
卢旺达	31				

资料来源：国家旅游局网站，截至 2015 年 1 月 19 日。

三、客源地与目的地之间相互作用

(一) 汇率成为影响出境旅游流向的重要因素

2014年人民币汇率指数先抑后扬,总体上有所升值,使得中国公民出境游价格变得相对便宜,在一定程度上促进出境游市场的增长。日本、俄罗斯、澳大利亚等目的地货币的贬值,进一步降低了中国游客的出境旅游成本。2014年日元的贬值幅度较上一年有所减弱,但仍然达到14%。澳元贬值速度也有所减弱,但仍然保持在10%左右。卢布在2014年贬值幅度差不多有五成。各主要旅游目的地国家货币的不同程度的下跌客观上有利于我国出境旅游的发展。2014年1~11月,日本、澳大利亚和俄罗斯均在较大的游客规模上有所增长,分别同比增长了50.8%、12.9%和3.5%。可以说,CPI与汇率的共同作用提升了我国游客对出境产品的购买力。

其中,日元贬值等原因引发中国人的赴日旅游热潮,团体和个人旅游签证的签发数量均创出新高。2014年日本驻华使领馆签发数量刷新历史纪录,据日本驻上海总领事馆最新数据显示,驻沪总领事馆在所有日本驻华使领馆中签发数量最多,赴日签证数量约为87.4万件,较此前最高值2012年的43.5万件增加50%。

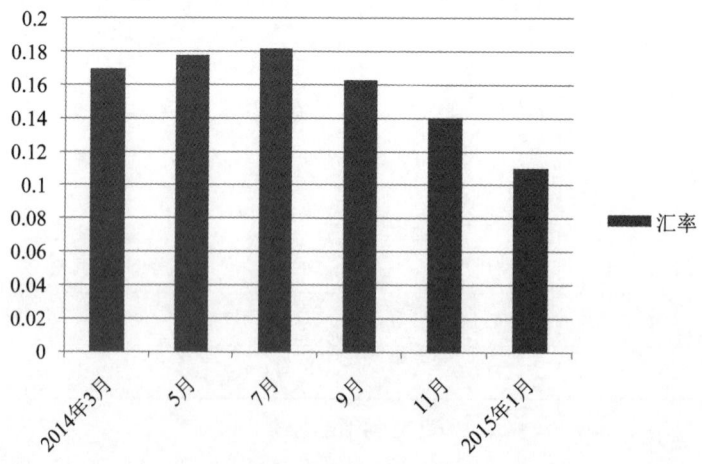

图1-26 2014年3月至2015年1月人民币有效汇率变化

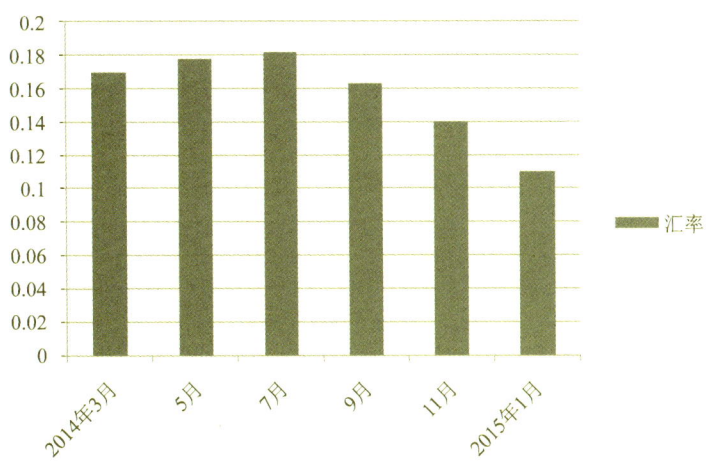

图 1-27　2014 年 3 月至 2015 年 1 月卢布兑人民币走势表

（二）跨境交通网络优化有力助推出境旅游

2014 年，中国跨境空中交通网络继续保持快速扩张态势，国际航线增长迅速，部分原有航班班次加密，直飞航班显著增加，有力地促进了出境旅游市场增长。以下为 2014 年部分新开、新增航线和航班的具体信息。

表 1-9　2014 年部分新开、新增航线和新增航班

航空公司	部分新增/新开/航线/航班
春秋航空	上海＝日本札幌＊ 深圳＝上海＝日本高松、佐贺 上海＝新加坡＊ 上海＝清迈＊ 上海＝日本大阪＊ 上海＝越南岘港＊ 上海＝韩国首尔＊
卡塔尔航空公司	杭州＝多哈＊（2013 年 12 月 22 日）

续表

航空公司	部分新增/新开/航线/航班
中国国际航空股份有限公司	重庆＝首尔＊ 杭州＝济州＊ 北京＝济州＊ 上海＝慕尼黑＊ 北京＝维也纳＝巴塞罗那 成都＝昆明＝仰光 北京＝夏威夷＊ 天津＝大连＝大阪 北京＝仰光＊ 北京＝符拉迪沃斯托克（海参崴）＊ 北京＝华盛顿＊ 北京＝济州＊ 北京＝仰光＊
中国南方航空	广州＝长沙＝法兰克福 广州＝纽约
中国东方航空公司	浦东＝洛杉矶 浦东＝纽约 上海＝多伦多 上海浦东＝昆明＝巴黎 上海浦东＝昆明＝加德满都 南宁＝昆明＝清迈
中国海南航空公司	北京＝波士顿＊ 北京＝芝加哥＊

注："＝"表示双程开通，"＊"表示直航或者首飞航班。
资料来源：根据相关网站数据整理。

值得注意的是，2014年国际油价显著下降，带动国内成品油价格持续走低，使得航空燃油附加费开始处于低价位状态。自2014年12月1日起，东航、上航、南航分别下调了中国内地至香港航线燃油附加费的征收标准，始发地是内地的单程燃油附加费从175元调整为95元；国航则下调了自香港始发至内地航线的燃油附加费，单程的燃油附加费由196港元调整为108港元，内地始发至香港的燃油附加费没有下调。南航还下调了内地与澳门之间航线的燃油附加费，其中从香港、澳门始发的航线，单程燃油附加费从196港元下降到108港元，香港、澳门以外始发的航线，单程燃油附加费从175元下降到95元。亚航更于2015年1月26日全面取消了燃油附加费的增收。航空燃油附加费的降低或取消优化了出境环境，给出境旅游带来了正面影响。

表1-10 2014年国内成品油调价涨跌幅统计

油价调整时间公布	90#汽油价格（每升/元）	0#柴油价格（每升/元）
1月10日	-0.09	-0.10
1月24日	-0.09	-0.11
2月26日	0.15	0.17
3月26日	-0.10	-0.11
4月24日	0.11	0.12
5月9日	-0.04	-0.04
5月23日	0.05	0.06
6月23日	0.12	0.14
7月21日	-0.18	-0.20
8月18日	-0.14	-0.16
9月1日	-0.07	-0.08
9月16日	-0.10	-0.12
9月29日	-0.07	-0.08
10月17日	-0.22	-0.25
11月1日	-0.18	-0.20
11月15日	-0.14	-0.15
12月12日	-0.13	-0.34
12月26日	-0.39	-0.43

备注：一般实施时间为×年×月×日24时，即为第二天起开始执行。

(三) 国际合作与两岸四地交流深入的促进作用不断发挥

1. "一带一路"战略中的旅游外交重要性正日益显现

横跨亚欧大陆、绵延 7000 多公里的丝绸之路旅游线途经多个国家，国际旅游正在丝绸之路经济带建设中发挥关键作用。习近平主席提出的"一带一路"既是新一轮对外开放的战略部署，也是当代国际合作的伟大构想。"丝绸之路经济带"战略构想重点区域涵盖欧亚非 53 个国家，联动 30 亿人口，是世界上最有发展潜力的经济大走廊，为丝绸之路沿线国家的旅游业发展带来了新机遇。中国国家旅游局已将 2015 年的主题年正式确定为"美丽中国——丝绸之路旅游年"。随着"一带一路"合作的深化，互联互通条件会得到进一步优化，区域一体化的进程也必然加速，必然促进沿线国家的旅游市场交流。

2. APEC 会议的举办推动成员国在旅游方面的整体、全面合作

2014 年 9 月 13 日，以"开创亚太旅游合作与发展新未来"为主题的第八届亚太经合组织（APEC）旅游部长会议在澳门成功举办，会议发表《澳门宣言》。亚太地区是我国重要的旅游服务贸易进出口市场，此次 APEC 旅游部长会议是首次在我国召开。大型国际会议是向世界展示国家形象的绝佳舞台，APEC 会议的举办有利于从战略高度推进中国与 APEC 成员国在旅游方面的整体、全面合作，也有利于进一步提升中国旅游的国际影响力。

3. 多双边旅游合作机制在促进市场交流中日益发挥重要作用

截至 2014 年底，已经有 117 个国家和地区成为正式开展组团业务的中国公民出境旅游目的地。中国—东盟、中国—欧盟、中国—南太、中美、中俄、中澳、中日韩等一系列多双边旅游合作机制也已建立。此外，中国与中东欧旅游促进机构和旅游企业联合会也已经建立。旅游业日益成为对外关系的重要战略性产业。近年来，旅游以及双边国家旅游年在提升两国双边合作和民间交流方面正发挥着越来越大的作用。

4. 两岸四地的交流合作

（1）大陆（内地）已然成为台港澳地区的首要客源地。

据最近五年的统计数据显示，大陆（内地）到访台港澳地区的旅游人数持续增加，市场规模不断扩大。据 2014 年已有的最新统计数据，在台港澳地区的入境旅游市场份额中，中国内地游客所占比重分别高达 40.64%、77.60% 和

67.20%,到访人次分别为261.82、3466.24和1581.29万人次(如图1-28),而且分别保持着37.35%、15.20%和13.30%的增长态势。从市场规模上来看,虽然大陆到访台湾的游客总量最少,但增长的速度最快。相比港澳地区,在海峡两岸旅游便利化政策的带动下,两岸旅游市场具有巨大的增长潜力和增长空间。

其中,大陆居民赴台个人游继续保持快速增长势头。一方面,两岸于2014年7月中旬再度开放哈尔滨、太原、南昌、贵阳、大连、无锡等10个城市为大陆第4批居民赴台个人游试点城市,并于2014年8月18日正式启动,使大陆开放赴台个人游的城市累计达36个;另一方面,大陆海峡两岸旅游交流协会(简称"海旅会")高雄办事处7月正式成立,这是海旅会在台湾成立的第2个常驻办事机构,为两岸旅游交流特别是大陆居民赴台个人游的深化发展提供了有利条件。

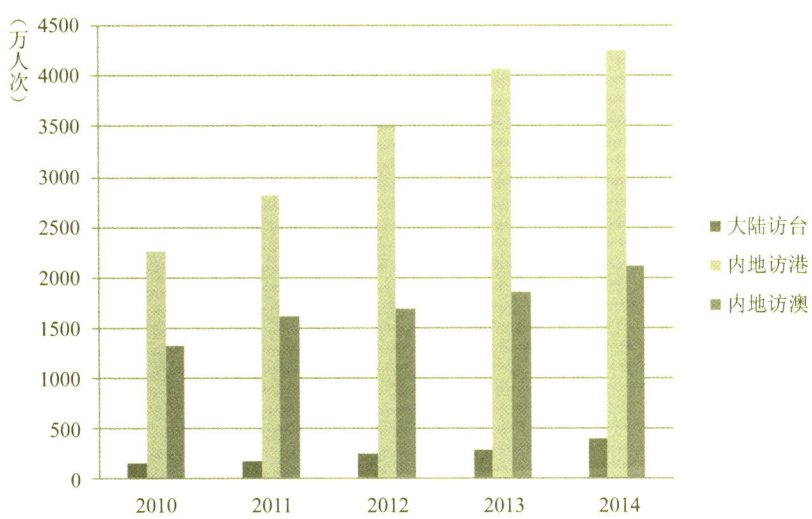

图1-28 2010—2014年内地(大陆)访问台港澳地区的游客人次统计

资料来源:香港旅游发展局、澳门旅游局、台湾地区"交通部观光局"。

(2)两岸四地的旅游业合作更加紧密。

常态化的对话合作机制继续发挥平台的推动作用。海峡旅游博览会已成为海峡两岸旅游交流合作、政策发布和招商引资的主要平台,也是目前大陆唯一面向两岸及港澳四地旅游业界的品牌盛会。2014年9月,第十届海峡旅游博览会在厦门成功举办，本届博览会加大了招商引资的力度，推出了 70 个总投资近 2000 亿的重点项目作为招商项目，重点推出 26 个旅游景区托管招商，尤其是面向台湾中小企业进行招商。

各方积极进行旅游宣传推介和旅游互动。香港旅发局积极深入内地，开展香港旅游推介活动，并参加了广州国际旅游展览会、中国（上海）国际奖励旅游及大会博览会、中国（广东）国际旅游产业博览会以及广东 21 世纪海上丝绸之路国际博览会，致力于提升香港旅游形象，更好地维系并发掘内地旅游市场；澳门同样积极赴内地展览推介澳门旅游，赴北京参加 2014 中国（北京）国际商务及会奖旅游展览会（CIBTM）和上海奖励旅游博览会，推广澳门奖励及商务旅游，密切同内地的旅游交流。

加强区域旅游合作，构建区域旅游发展框架。鉴于显著的地理优势，香港和澳门及周边内地省市组成泛珠三角区域，区域经贸往来不断密切。2014 年 6 月福建、江西、湖南、广东、广西、海南、四川、贵州、云南九个省区和香港、澳门两个特别行政区的政府领导（简称"9 + 2"）在广州共同签署《泛珠三角区域合作框架协议》。在旅游方面：承诺共同研究制定区域旅游发展战略和市场开发策略；建立区域旅游信息库；构建区域旅游网络营销系统，创建旅游电子商务服务平台；共同策划和推广区域精品旅游线路，树立区域旅游形象，打造区域旅游品牌。这一协议标志着未来包括港澳地区的泛珠三角区域旅游合作进一步深化，为各方在旅游方面的进一步合作提供了政策支撑。继该协议之后，2014 年 7 月，泛珠各方签署的《泛珠三角区域旅游合作框架协议》细化旅游合作内容，主要在旅游产品合作、宣传促销、信息互通、监管合作、《旅游法》落实、人才培养等八个方面推进区域旅游合作。

地方性旅游合作继续强化。大陆（内地）更多地以省市为单位同台港澳地区建立地方性合作。2014 年 8 月，贵州省黔台经济文化交流中心与台湾少数民族生存发展协会成功签署《黔台民族文化交流合作备忘录》，推动贵州省同台湾地区在文化、民俗旅游方面的合作；9 月，甘肃省旅游局、旅游协会分别与澳门特区政府旅游局、香港旅游业议会签署《旅游合作备忘录》，在旅游营销、游客互送、信息共享、行业管理、消费维权等领域建立联动合作机制，并相互举办文化旅游宣传周活动。此外，内地省市也更加注重在台港澳地区的旅游推广和宣传，如江苏、广东惠州和湛江等省市 2014 年在港开展旅游宣传推介活动，以吸引更多的香港游客。

联合互动发展,"一程多站"旅游产品吸引更多国际游客。自 2012 年 10 月以来,深圳、珠海、香港、澳门四地在深签署首份旅游合作协议,四地将设立旅游合作联络小组,加强四地在宣传推广行业动态方面的沟通合作,共建"一程多站"旅游目的地。经过两年多的发展,目前深圳和香港"一程多站"旅游产品已经成为区域核心竞争产品,通过香港旅行社办理进入内地 6 天的"144 小时便利签证",为东南亚游客来深圳旅游提供了极大便利。香港业界与深圳继续推动"一程多站"深港游,串联两地景点,实现资源互补,进一步拓展东南亚市场。未来,这一合作共赢模式同样可引入珠海市和澳门地区的旅游合作。

依托会议展览,促进企业合作对接、吸引旅游投资。不同于传统的旅游会展活动,越来越多的会展推出招商引资项目,并直接为企业合作提供平台。2014 年 11 月召开的第二届中国(浙江)国际旅行商大会上,有两家浙江旅行社与台湾旅行社签约。其中,浙江省中国国际旅行社与台北六和旅行社签约,将于 2015 年春节期间,组织 6 架飞机往返浙江与台湾两地,互换两地客源。在招商引资方面,依托 2014 年江苏省在香港举行的旅游推介会,江苏省共签约招商引资项目 12 个,涉及旅游饭店、度假娱乐、主题公园、农业观光等合作领域,总投资逾 600 亿元人民币。

(3)局部政治经济干扰事件对赴三地出境市场影响不大。

2014 年在两岸四地的交往过程中也出现了一些干扰性因素,主要包括台湾的"反服贸事件"和香港"占中"事件。

2014 年 3 月 18 日在台湾"立法委员会"宣布审查通过《海峡两岸服务贸易协议》后,遭到了当地学生的反对,"政府"拒绝撤回该协议酿成了 4 月的"太阳花学运"事件,目前该协议进入重新审议程序。从旅游统计数据上来看,在该事件发生前后,如图 1-29,大陆赴台湾在 2014 年 2~5 月相互间的访客流量基本稳定,表明该事件没有造成明显的冲击。

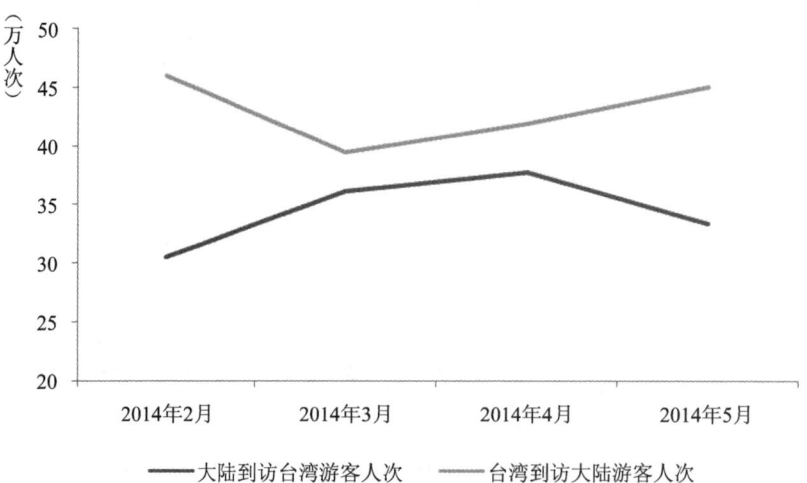

图 1-29　2014 年 2~5 月台湾与大陆间的游客流量统计

资料来源：国家旅游局、台湾地区"交通观光局"。

自2014年9月底以来的香港"占中"事件对零售、饮食及访港旅游等行业的经济活动构成干扰，这一事件极有可能影响内地游客赴香港的旅游活动。目前已发布的9月份旅游统计数据中（如图1-30），9月份内地赴香港的旅游流量大幅减少。因为7、8月份是内地旅游的旺季，且9月份访客量稍高于6月份，故可认为这一减少是季节性所致。因此，已有的市场数据未能反映出"占中"事件的影响。

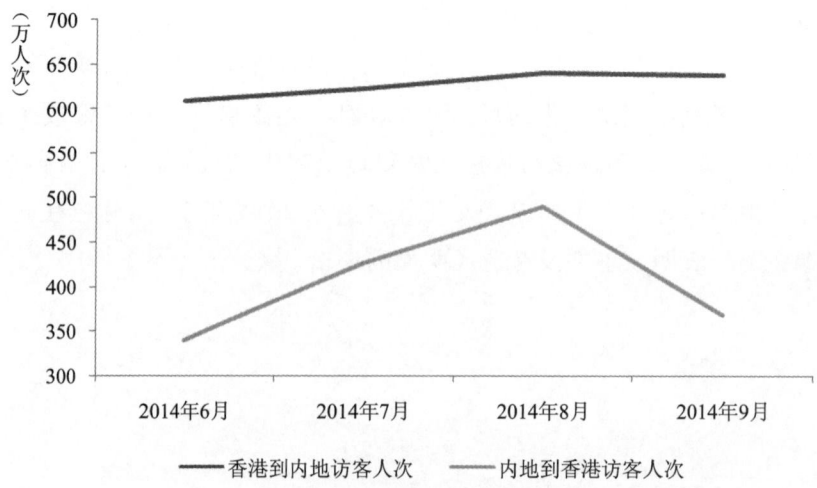

图 1-30　2014 年 6~9 月香港和内地间的游客流量统计

资料来源：国家旅游局、香港旅游发展局。

(四)跨境电子商务的发展对出境旅游购物产生影响

出境购物是出境旅游的重要目的,但是这一局面或因国内海淘网站的兴起而有所变化。2014年,海淘网站纷纷涌现。可以说,各个海淘网站的兴起,极大地便利了国人对海外商品的消费。

以银联海购网——Shop The World为例,海购网为银联卡持卡人提供商品精选、语言翻译、安全支付、国际转运等贴心服务。该平台对母婴、美容、服装、食品四大类热门海外商品进行了专门分类,并提供全站检索、国家地区馆、商品类别等功能,同时通过与跨境物流公司、代理购物服务商、保险公司等第三方服务机构的系统和服务对接,提供更为全面、便捷的跨境网购服务。目前银联海购网已经入驻境外数百家知名网上商户,正在逐步实现"足不出户,购遍全球"的目标。

以考拉海购为例,它是网易旗下自营海外正品特卖网站,主打母婴用品、美妆个护、食品保健、家居数码和服饰鞋包等类目。考拉海淘背靠网易,不仅能够在市场上迅速打开知名度,而且在资金、营销等方面都具备极大优势:深入货源产地直采,拥有庞大的全球品牌渠道资源。它同时依托杭州保税区仓库,加上巨额资金支持,保证了对正品的筛选和批量进货,使得价格的竞争力较强。除此之外,考拉还通过自营备货政府背书、7天无忧售后、电子化极速清关,下单后3~15个工作日送达、支持多种支付方式等提振用户消费信心。从市场反应看,考拉电商平台在跨境电商领域很有竞争力。网易宣布了截止到2014年12月31日第四季度及2014财务年度未经审计财务报告,其中提到2014年第四季度邮箱、电商及其他业务的收入为3.81亿元人民币(6137万美元),同比增长224.2%。而邮箱、电商及其他业务毛利同比的增长主要得益于电商业务的快速发展。

以银联海购网、考拉海购为代表的一批海购网站的兴起让出境旅游购物消费呈现变动,国内海购网站的兴起和快速发展,使得消费者对海购更有信心,消费也更为便捷。对境外购物消费的影响会随着时间的推移和海购市场的发展逐渐明朗化。

表1-11 2014年主要海淘网站情况

海淘网站	优势
考拉海购	初期主打母婴用品、美妆个护、食品保健等热门品类,并向消费者做出"四大承诺":自采正品、高性价比、物流快速、7日包退,借助网易作为用户过亿的内容提供商的优势,其品牌知名度和内容活跃用户都可以作为有力砝码。

续表

海淘网站	优势
顺丰海淘	顺丰速运旗下跨境B2C电商，顺丰是国内龙头物流公司，其庞大用户量和品牌认知度为海淘电商带来可信度和用户，承诺所有上线的母婴、食品和美妆三个品类都由专业人士从海外采购，并提供商品详情汉化、人民币支付、中文客服团队支持等服务。
亚马逊海外购	作为全球最大的跨境电商之一，在全球范围内，亚马逊拥有成熟的跨国配送能力，凭借在亚洲、北美、欧洲和大洋洲拥有的13个语种的业务站点，形成了线上电子丝绸之路网。线下，96大运营中心和遍布全球的物流体系提供全球配送，构成了一个联结亚美欧的物流大陆桥。
天猫国际	依靠阿里拥有无法比拟的资金、技术和客源等优势，可以在促销、支付等领域提供支持，天猫国际主要采用保税进口的方式，依靠其天猫国际、支付宝以及菜鸟网优势，实现下单、支付以及物流三单合一。
洋码头	将时下最热门的一些折扣商场、OUTLETS的实况大牌折扣实拍，每天会直播海外买手在各大折扣卖场的扫货实况，严谨地筛选海外供应商和买手，对其资质进行严格评估认证，用户可以7天无理由退换货，平台也可以先行赔付。
蜜淘全球购	蜜淘网已经形成了两条业务线，一是针对全品类长尾需求的海淘代购，二是针对热卖品类的海外品牌限时特卖。蜜淘坚持自营海淘B2C模式，区别于其他所有海淘模式，从购物体验、时效、价钱上都由蜜淘统一提供服务，避免了各种消费可能出现的问题。
1号海购	采用保税进口模式，提前将海外优品进口至上海自贸区备货，消费者下单后，进口优品便可直接从上海自贸区仓库报关报检后发货，从而大幅降低物流成本，缩小国内外商品之间的价格差距。

（五）突发事件对出境旅游的影响

2014年，中国公民出境旅游的过程中，出现了一些非常规因素，对出境游造成了一定的负面影响，突出表现在以下几个方面：

1. "马航"事件显著影响国人出游马来西亚意愿

2014年3月8日凌晨，马来西亚航空公司称一架载有239人的飞机与管制中心失去联系，该飞机航班号为MH370，已被马来西亚政府宣布为坠毁。2014

年7月17日晚，一架马来西亚客机在乌克兰境内、靠近俄罗斯边境地区坠毁，机上载有295人。两起事件叠加，对国人出游马来西亚的意愿产生巨大影响。2014年1~11月中国赴马来西亚游客同比下降了29%。预计此事件对马来西亚旅游业的影响将持续到2015年。

2. 南海紧张局势致使访越中国游客数量锐减

自从越南2014年5月份对中国南海钻井平台实施非法干扰及越南国内发生反华暴乱以来，两国关系陷入前所未有的低点，前往越南的中国游客也随即锐减。根据越南统计总局最新公布数据，2014年6月份越南国内国际游客量约为539 700人次，比5月份下降19.9%；同一时期，前往越南的中国游客只有136 726人，比5月减少29.5%。截止到2014年11月，中国赴越游客181.36万人次，增长5.1%，对比2013年23.3%的增长速度，2014年越南旅游业可谓备受重创。由此可见，中国游客量的减少使得越南整个旅游业国际游客接待量减少，中越两国争端对越南国内旅游市场的影响可见一斑。边境游情况更不容越方乐观。越南5月份发生的排华暴力事件导致包括中国工厂在内的国外企业遭受损失并造成了中国工人的死亡，对边境短期旅游的影响不容小觑。政治局势的紧张，不确定因素增加，不仅会影响游客对越南的选择，而且那些已经做出出游计划的游客也面临调整行程的问题，这对我国赴越出境游也会带来影响。

第二章

客源地产出特征

第一节　中国客源地潜在出游能力

一、中国出境客源区域将不断由东部向中西部扩散

从出境旅游总量规模来说，近14亿中国人当中，绝大多数还没能实现出境旅游，有过出国旅游经历的更是少数。从出境旅游客源结构来说，经济相对发达的东部地区始终是出境旅游的主要客源地（如表2-1所示）。而随着中国居民收入及财富水平的继续增长，出境旅游需求将不断膨胀，客源区域将不断由东部向中西部扩散。

表2-1　2014年我国内地（大陆）各省（直辖市、自治区）客源地潜在出游力得分及排名

省（直辖市、自治区）	潜在出游力得分	排名	省（直辖市、自治区）	潜在出游力得分	排名
北京	1.0000	1	广东	0.9464	2
上海	0.8965	3	江苏	0.8682	4
浙江	0.7681	5	山东	0.6837	6
天津	0.5969	7	辽宁	0.4806	8
福建	0.4451	9	湖北	0.4186	10
河北	0.3885	11	河南	0.3731	12
安徽	0.3572	13	湖南	0.3540	14
四川	0.3512	15	陕西	0.3367	16

续表

省(直辖市、自治区)	潜在出游力得分	排名	省(直辖市、自治区)	潜在出游力得分	排名
海南	0.3155	17	黑龙江	0.3144	18
重庆	0.3089	19	江西	0.3034	20
内蒙古	0.2812	21	吉林	0.2564	22
山西	0.2553	23	广西	0.2307	24
新疆	0.1991	25	云南	0.1922	26
宁夏	0.1515	27	甘肃	0.1237	28
贵州	0.1075	29	青海	0.0396	30
西藏	0.0000	31			

二、中国新兴城市群和中西部城市出游力持续释放

中国旅游研究院《中国区域旅游发展年度报告(2012—2013)》的研究表明，2013年，以北京为中心的环渤海都市圈、以上海为中心的长江三角洲都市圈、以广州和深圳为中心的珠江三角洲都市圈以及西南的成渝城市群，仍然是我国高客流产出区域，累计56.8%的出游力集中在上述传统经济区和新兴都市圈。但这一数字自2010年以来持续降低，而新兴的城市群和西部城市的潜在出游力比重在提高。这表明，中国新兴城市群和中西部城市的游客出游能力将不断提高，在中国客源格局中的地位将更加突出。旅游调查问卷结果显示，二线城市的游客来源中，西部城市成都排在第一位，占6.8%；西安排在第二位，占4.3%；中部城市长沙排在第三位，占3.8%。相信随着中国区域经济格局在东中西之间不断收敛，以及中西部城市群的不断发育完善，中西部地区的出境游市场将不断扩大。

三、客源地潜在出游力区域分异特征

根据中国旅游研究院《中国区域旅游发展年度报告（2014—2015）》得出以下结论：

1. "东中西"依次递减的三级阶梯状空间格局依然延续

2014年，客源地潜在出游力地域空间形态，保持相对稳定的态势，整体依然呈现"三级阶梯状"，形成东、中、西三个空间分异带：潜在出游力前十名的省份除湖北省外，全部分布在东部区域，东部省份中只有河北和海南排在十名之外，分列第11位和第17位；潜在出游力排名在11~20位的省份，除了东部省份河北、海南，西部省份四川、陕西、重庆外，均为中部省份；潜在出游力后11位的省份，除了吉林和山西之外，其他省份均分布在西部区域。这种"东中西"的分布格局与中国区域经济地带差异呈现出相似的空间分异格局，也与中国三大阶梯分界线大致吻合。各省（自治区、直辖市）出游力从东到西为仍然表现为"7∶2∶1"的比例分割形态，区域差异明显，从东部到西部，出游力表现为明显的衰减趋势。

全国31个省（自治区、直辖市）潜在出游力类型分别为以下5种：①出游力极强地区：北京、广东、上海、江苏、浙江、山东、天津；②出游力强地区：辽宁、福建、湖北、河北、河南、安徽；③出游力较强地区：湖南、四川、陕西、海南、黑龙江、重庆；④出游力一般地区：江西、内蒙古、吉林、山西、广西、新疆、云南；⑤出游力较弱地区：宁夏、甘肃、贵州、青海、西藏。出游力较高地区主要分布于我国东部和中部，而出游力较低地区则主要分布于我国西部地区。

2. 区域间朝均衡发展的收敛趋势不断显现

虽然潜在出游力在东中西之间依然表现为明显的"7∶2∶1"的三级阶梯状分布，但东部区域的累计潜在出游力，2014年为65.5%，2013年为65.7%，2012年为66.8%，2011年为68.0%，2010年为70.0%。东部地区在降低，中西部地区在升高，区域之间的差距在缩小，收敛趋势不断显现。

对四个旅游客流产地（以北京为中心的环渤海都市圈、以上海为中心的长江三角洲都市圈、以广州和深圳为中心的珠江三角洲都市圈以及西南的成渝城市群）而言，累计潜在出游力，2014年为55.6%，2013年为55.4%，

2012年为57.9%,2011年为57.0%,2010年为60.0%。虽然在中间数据有反复,但是总体趋势由2010年的60.0%下降到2014年的55.6%,表明潜在出游力在传统经济区与经济欠发达区域之间的差距在缩小,也表现出明显的收敛趋势。

第二节 典型城市出境市场

一、北京市场

(一)出境旅游市场概况

1. 出境旅游持续增长

从旅行社组织出境旅游情况来看,2014年全年,北京市出境旅游人数为410.20万人次,继续保持高速增长,同比增长达23.9%。韩国超过泰国成为第一大旅游目的地,和日本一起成为北京市居民出境旅游的前三大旅游目的地。该市赴以上三个旅游目的地的游客分别为73.71万人次、47.14万人次和43.48万人次。对港澳台地区而言,香港和澳门作为传统出境目的地,有进一步被边缘化的趋势,而台湾继续作为热点旅游目的地之一,吸引更多的居民前往旅游。

2. 东北亚市场大幅增长

2014年,北京市居民赴日本、韩国的旅游人数出现大幅度的增长,增长速度分别高达132.4%和79.4%。但同为近程的马来西亚、新加坡及泰国等东南亚旅游市场出现较大的下滑,到访人次分别下降44.9%、35.8%和27.2%。除澳大利亚外,远程欧洲市场,如德国、法国、意大利、瑞士等市场出现较高速的增长,到访人次平均增长超过30%。

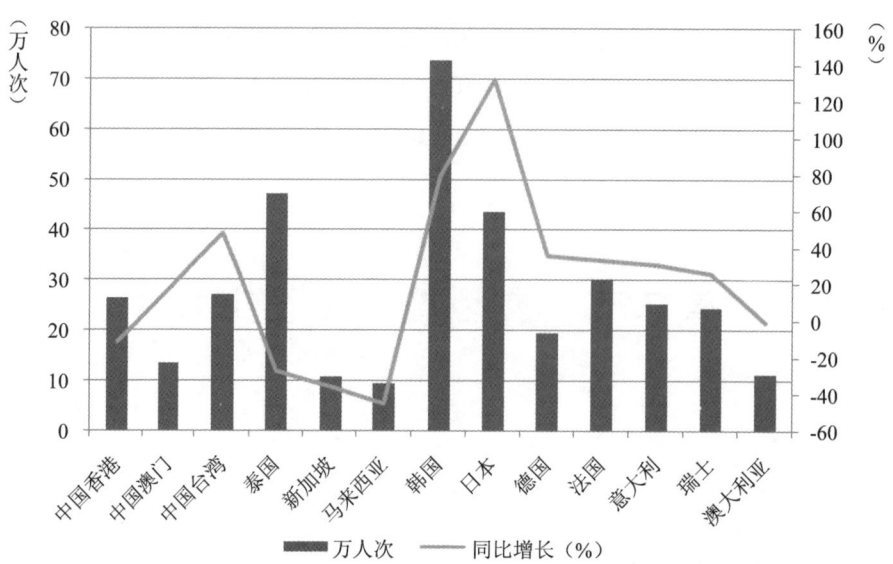

图 2-1　2014 年北京市主要出境目的地旅游人数及同比增长率

资料来源：北京市旅游发展委员会。

（二）出境旅游市场影响因素

1. 北京市经济持续平稳发展，为居民出境旅游提供了坚实的经济基础

经初步核算，2014 年北京实现地区生产总值 21 330.8 亿元，按可比价格计算，同比增长 7.3%。按常住人口计算，2014 年全市人均地区生产总值达到 99 995 元，按年平均汇率折合为 16 278 美元。全市城镇居民人均可支配收入为 43 910 元，同比增长 8.9%；京郊农村居民人均纯收入达到 20 226 元，同比增长 10.3%。居民可支配收入的增加为本市居民出境旅游增长提供了强有力的经济保障。

2. 出境旅游服务进一步提升

旅游市场的快速发展离不开旅游产业产品和服务的配套，为了更好地把握出境旅游市场的发展情况，我们着重对北京市具有代表性的旅行社进行了访谈。发现旅行社行业在以下几个方面更有效地满足了出境旅游游客的需求，间接刺激了出境旅游的发展：

首先，旅行社行业分工进一步细化。目前业界已经形成某一旅游业务的专业化旅行服务公司。例如凤凰旅游及华远国际旅游公司继续将业务集中于旅游批发业务，做更专业的旅游批发商。这种专业化分工一定程度上保障了由旅行社提供的出境旅游服务更为专业。

其次，更多的旅游服务商开始专注于细分市场。穷游网借助于网络与移动通信技术的便利性，致力于满足散客的旅游需求，通过发掘散客的个性化旅游需求，搭建网络社区，为旅游供应商和市场个性化需求牵线搭桥，更好地满足游客的个性化需求。与此同时，海航集团的海娜号邮轮及华远国际旅游也更好地瞄准细分市场，更好地满足家庭及老年出境旅游市场。

总体来看，各大旅行经营商更加专注于满足游客需求，专攻于基础旅游需求及（或者）碎片化的个性化需求，为游客提供更为优质的旅行服务。旅行社将精力更多地投入到旅游服务质量的提升上，并将逐步向目的地服务渗透，以期为本市出境游客提供更为精致人性化的服务。

3. 出境交通（航空）更为便利

出境旅游离不开便利的交通，尤其是国际航空设施。2014年，首都国际机场旅客吞吐量连续五年稳居世界第二，全年共完成旅客吞吐量8612.8万人次，同比增长2.9%。本航空港全年新增3个国际航点，加密14条国际航线。据统计，在首都机场运营定期商业航班的航空公司共有96家，其中内地航空公司26家，外国航空公司及香港、澳门、台湾地区航空公司共70家，通航54个国家和地区的111个航点，已构建成遍布全球的航线网络。这使北京市居民选择全球各国旅游目的地进行出境旅游变得更为便利和快捷。

据统计，2014年仅4大国航就新增了7条由北京始发的国家航线，目的地包括夏威夷、济州、大板、巴厘岛等热点旅游目的地。新增航线进一步便利了游客的出境旅游。尤其在旅游高峰期，如暑假期间，航班数量的适度增加满足了北京市居民在高峰期的出行需求。

4. 外部突发事件带来一定的负面影响，但已出现复苏迹象

旅游活动比较敏感，很容易受到外部事件的影响。2014年受不同外部事件的影响，北京市居民赴泰国、马来西亚、新加坡等国家的旅游出现不同程度的下滑，但根据季度数据显示，在第四季度这一现象已经出现了较明显的回暖。

据统计数据显示，在前三个季度中，北京市居民到泰国的旅游均出现大幅度的下滑，分别下降达49.8%、50.4%和32.1%。但第四季度，本市居民赴泰国的旅游重拾高速增长，增长速度为49.7%，有望在2015年恢复2013年的增长水平。由此可见，泰国政局动荡对北京市居民旅游的负面影响已经不复存在。北京市居民到访马来西亚、新加坡的旅游同样在第四季度出现不同程度的复苏。

根据北京市季度出境旅游统计数据显示，北京到访马来西亚的游客人次下滑在第三季度达到极限值（下降67.3%），在第四季度下降速度有所减缓（下降32%），这表明马来西亚航空 MH370 失踪事件的负面影响已经逐渐减弱。北京市居民到访新加坡的旅游在第四季度扭转了下滑趋势，出现正增长。同样表明2013年底的新加坡骚乱事件所带来的负面影响已经逐步淡出，未来有望吸引更多的北京游客。

北京赴以上东南亚传统旅游目的地国家的游客人数出现了大幅度下滑，一定程度上增加了本市居民到其他近程旅游目的地的出境旅游，即更多的北京市民选择日本、韩国及台湾作为出境旅游目的地。这很大程度上解释了为何今年北京市民赴日韩等国家（地区）的旅游出现高速增长。

5. 北京市旅游委加大市场监管力度，旅游市场更为规范

良好的市场秩序是保障出境旅游积极、健康发展的前提之一。北京市旅游委作为监管部门，在规范旅游市场方面发挥着重要的作用。尤其是其主导开展的旅行社等级评定工作为北京市出境旅游的快速发展提供了良好的市场环境。

为更好地促进旅行社行业的品牌化、专业化、规模化建设，并向旅游者提供直观、准确、可信度高的旅行社质量等级标志，2013年4月16日，北京市旅游委颁布并正式实施新版的《旅行社等级划分与评定》。据此，旅行社可被划分为"3A""4A"和"5A"三个等级，其中"5A级旅行社"资质为最高等级。这为北京市居民选择出境旅游社提供了可信的质量标识，进一步推动了北京市出境旅游的发展。

目前，北京市共有88家等级旅行社，其中，5A级旅行社共有25家。

表2-2 北京25家5A级旅行社

	2013首批5A级旅行社	2014第二批5A级旅行社
1	中青旅控股股份有限公司	环境国际旅行社有限公司
2	中国国际旅行社总社有限公司	易游天下国际旅行社（北京）有限公司
3	中国康辉旅行社集团有限责任公司	竹园国际旅行社有限公司
4	中国旅行社总社有限公司	北京金泰恒业国际旅游有限公司

续表

	2013 首批 5A 级旅行社	2014 第二批 5A 级旅行社
5	春秋（北京）国际旅行社有限公司	北京汉唐经典国际商务旅行社有限公司
6	北京众信国际旅行社股份有限公司	中国天鹅国际旅游公司
7	中青旅国际会议展览有限公司	
8	北京携程国际旅行社有限公司	
9	中商国际旅行社有限公司	
10	中国妇女旅行社	
11	北京市华远国际旅游有限公司	
12	北京神舟国际旅行社集团有限公司	
13	中信旅游集团有限公司	
14	北京凯撒国际旅行社有限责任公司	
15	北京凤凰假期国际旅行社有限公司	
16	北京途牛国际旅行社有限公司	
17	中国和平国际旅游有限责任公司	
18	北京佰程国际旅游有限公司	
19	北京目的地国际旅游有限公司	

民营航空公司对出境游市场的关注度越来越高。吉祥航空有限公司和春秋航空有限公司在 2014 年开通的 9 条航线全部是国际航线。春秋航空的国际航线运力占比由目前的 16% 增至 30%。目前全球低成本航空公司超过 170 家，美洲、欧洲、亚太地区前十家最大低成本航空公司的旅客运输量达到 6.6 亿人，低成本航空在全球占有 26% 的市场份额，而占中国市场的份额不到 5%。

二、上海市场

(一) 出境旅游市场概况

1. 出境游市场总体呈现平稳增长趋势

上海良好的国际经济环境与不断提升的地区经济为出境旅游业务的开展提供良好的物质基础。加之日元持续贬值、日韩邮轮航线增多，使得赴日、韩出境游市场持续提升。2014年1~12月出境游人次达到2 340 833人次，同比增长了0.28%，其中出国游和香港游增长的比例最大，分别增长0.28%和0.32%，澳门游和台湾游减少的比例最大，分别减少34.12%和10.38%。

表2-3 2014年1~12月上海市旅行社组织出境旅游人数（人次）

	人数（人次）	同比增长（%）
出境游人次数	2 340 833	0.28
出国游	2 354 811	5.64
香港游	158 786	0.32
澳门游	40 937	-34.12
台湾游	159 698	-10.38

资料来源：上海市旅游局。

注：出境游人数按旅游者出境次数统计；出国、港澳台游人数按抵达目的地次数统计。

2. 上海邮轮市场增长突出

在境外游产品中，邮轮出行逐渐受到越来越多上海游客的青睐。2014年，吴淞口接靠邮轮217艘次，接待出入境游客110万人次，超过新加坡成为亚洲最大的邮轮母港。

为吸引国际邮轮来访，上海正在争取把航空口岸国际旅客72小时过境免签政策延伸到邮轮口岸；按照邮轮码头的需求和具体规划，从方便游客购物的角度，邮轮码头出境免税经营范围会进一步扩大，争取免税店入境免税经营资质，在吴淞口邮轮港核心区域设立离港购物退税点；鼓励邮轮公司以上海为始发港，多点开发多港挂靠航线，以及包括中国台湾、中国香港和其他境外港口的混合航线。

2014年携程从皇家加勒比邮轮公司购入精致世纪号邮轮,正式进军邮轮业,正是对这一市场增长趋势的回应。

(二) 出境旅游市场影响因素

1. 国际航空交通网络进一步完善

2014年,上海到新加坡、暹粒、金边、首尔、清迈、胡志明市、马尼拉、宿务等航线进一步增加,凸显了上海作为华东地区出境游重要客源地与中转城市的地位。同时,华东地区的二三线城市航空区域枢纽功能得到进一步的完善,厦门、杭州、南昌、合肥等在原有的基础之上又增加新的国际航班,使华东地区国际航空交通网络进一步丰富。1~11月,华东地区机场国际航线累计完成旅客吞吐量2639.6万人,同比增长12.7%。

表2-4 2014年上海开通的主要国际航线

申请开通公司	开通航线	具体情况	开航时间
上海吉祥航空有限公司	上海浦东—福冈往返客运航线	每日一班	2014年1月
上海吉祥航空有限公司	上海浦东—大阪往返客运航线	每日一班	2014年2月
上海吉祥航空有限公司	上海浦东—吉隆坡往返客运航线	每日一班	2014年6月
上海吉祥航空有限公司	上海浦东—河内往返客运航线	每日一班	2014年6月
上海吉祥航空有限公司	上海浦东—胡志明往返客运航线	每日一班	2014年6月
春秋航空股份有限公司	上海浦东—大阪往返客运航线	每日一班	2014年1月
春秋航空股份有限公司	上海浦东—清迈往返客运航线	每周二班	2014年1月
春秋航空股份有限公司	上海浦东—新加坡往返客运航线	每日一班	2014年2月
春秋航空股份有限公司	上海浦东—深圳—巴厘岛往返客运航线	每日一班	2014年3月
春秋航空股份有限公司	上海浦东—岘港往返客运航线	每日二班	2014年3月
春秋航空股份有限公司	上海浦东—吉隆坡往返客运航线	每日二班	2014年3月
春秋航空股份有限公司	上海浦东—福冈往返客运航线	每日一班	2014年5月
春秋航空股份有限公司	上海浦东—札幌往返客运航线	每周四班	2014年5月
春秋航空股份有限公司	上海浦东—冲绳往返客运航线	每周四班	2014年8月
春秋航空股份有限公司	上海浦东—金边往返客运航线	每日一班	2015年1月

资料来源:依据国家民航局网站信息整理。

2. 上海市旅游主管部门加强了对文明旅游的引导

2014年12月11日晚至12日凌晨，4名中国游客在亚洲航空曼谷至南京的航班上，与空乘发生冲突，导致飞机返航。国家旅游局13日发出通知，4名中国游客的不文明行为，严重扰乱了航班正常秩序，致使航班返航，影响了其他乘客的行程，涉事游客已受到罚款及支付赔偿的处罚。为了倡导文明旅游，上海市下发《关于进一步加强本市文明旅游工作的意见》，指出将完善诚信机制，今后将违法、违规的旅游服务单位和个人信息纳入征信平台。

3. 上海自贸区开放外资旅行社利好出境旅游业务

中国（上海）自贸试验区关于旅游服务业开放政策虽然只有微不足道的一条，但是开放力度可谓不小。上海允许符合条件的中外合资旅行社到自贸区注册，从事除台湾地区以外的出境旅游业务；取消了旅行社获得经营许可满两年后才可经营出境游的限制，这将吸引更多中外合资旅行社选择到自贸区内注册，同时，将使国内旅行社面临更加激烈的竞争，特别是在线上业务方面。2014年7月，符合条件的地中海邮轮旅行社（上海）有限公司正式获颁出境旅游业务许可证，成为自贸试验区内第一家可经营出境旅游业务的中外合资旅行社。

4. 上海自贸区促进跨境购物有利于消费回流

2014年2月18日中国人民银行上海总部出台《关于上海支付机构开展跨境人民币业务的实施意见》，支付机构跨境人民币业务正式启动。依托互联网，支付机构可以为境内外收付款人之间真实交易需要转移的人民币资金提供支付服务。过去人民币跨境支付主体局限在企业，个人的人民币跨境支付一直没有突破。2013年10月，国家外汇管理局下发《支付机构跨境电子商务外汇支付业务试点指导意见》，消费者可以通过第三方支付机构支付。由于存在货币转换，消费者不但要承担货币兑换成本，还面临汇率风险。跨境人民币支付业务启动后，跨境购物的所有环节都可以使用人民币，减少了个人的成本与风险。2013年上海自贸区跨境电子商务试点平台"跨境通"业务正式启动。此外，亚马逊、1号店等企业也都在自贸区进行了跨境购物的布局。因此，大规模的出境旅游购物消费有望通过这一渠道得以回流。

三、成都市场

(一) 出境旅游市场概况

1. 出境人数多，增长幅度大

2014年1~11月，四川省旅行社组织123.76万居民出境旅游，累计增长66.8%。这是四川出境游首次突破100万人次，而2013年仅为70万人次左右。

表2-5　四川历年出境旅游人次

项目	2009年	2010年	2011年	2012年	2013年	2014年（截至11月）
出境旅游总人数（人次）	272 794	475 281	568 952	768 400	742 000	1 237 600
同比增长（%）	65.89	74.23	19.71	35.1	10.4	66.8

资料来源：四川省旅游局。

2. 出境目的地多样化明显

在众多的出境旅游目的地中，有"成都后花园"之称的泰国排名第一，2014年的前11个月迎来25.86万人次，其后依次为中国香港、中国澳门、韩国、日本。从数量上看，泰国市场连续多年占据最大市场地位。但在增长速度上，前往日本的四川游客2014年突破6万人次，增幅高达387.66%，增速第一。其后增速依次为：英国、韩国、泰国、美国。而马来西亚成为唯一一个游客减少的境外游目的地，2014年1~11月马来西亚吸引了2.94万四川人，同比下降16.26%。

(二) 出境旅游市场影响因素

1. 经济平稳发展，居民收入稳步增加

预计2014年全年成都地区生产总值迈上万亿元台阶，增长8.8%左右，实现固定资产投资6600亿元；一般公共预算收入1025亿元，增长14.1%；社会消费品零售总额4200亿元，增长12%；成都市2014年城镇居民人均可支配收入32 810元，农民人均纯收入14 410元，分别增长9.8%和11%，这个增幅超过GDP增幅，居民收入的不断增加为出境游的发展奠定了坚实的经济基础。

2. 交通系统日益完善，交通枢纽地位更趋强化

成都双流国际机场已开通航线241条，其中国际地区航线78条。2014年6

月开通的成都往返旧金山的航线标志着中西部第一条直飞美国的航线正式开通，飞往俄罗斯等国的航线也即将开通，成都正在逐渐成为西部区域航空枢纽。2001年到2010年这10年间，成都双流机场旅客吞吐量和飞机起降架次年均增速分别达到17.4%和13.8%。2012年，双流机场旅客吞吐量突破3000万人次，货运量突破50万吨，进入世界最繁忙机场行列，成为中国第5个、中西部唯一进入"3000万级机场俱乐部"的机场。继2014年10月天府新区正式获批升级为国家级新区之后，2015年伊始，成都新机场立项获批。从规模上看，成都新机场可以满足2025年机场旅客吞吐量4000万人次、货邮吞吐量70万吨、飞机起降量32万架次的目标，航站楼面积达到52万平方米，在全国当前规划建设的机场中仅次于北京新机场，位居全国第二。新机场建成后，成都将成为继京沪之外，第三个拥有双机场的城市。

成都在完善机场建设，增加国际航班的同时，铁路、公路建设也加速推进，对外交通枢纽地位日益强化。成都当前正在构建贯通南北、联结东西、通江达海的对外综合运输大通道，按照"半小时通达"的理念，城乡一体、无缝衔接、高度通达的全域交通体系已经初步形成。作为西南地区最大的铁路枢纽，成都规划了"二环十射"铁路网，通过成绵乐铁路客运专线、成渝铁路客运专线等一批重点铁路项目的建设，形成一批对外铁路大通道，构建起成都至兰州、昆明、西安、武汉等地4小时快铁交通圈，至京津冀、珠三角、长三角8小时快铁交通圈，基本建成承接华南华中、联结西南西北、沟通中亚南亚的西部铁路交通枢纽。高速公路方面，成都已形成至重庆2小时公路交通圈，至昆明、贵阳、西安8小时公路交通圈，全面形成辐射四川、畅接西部、通达全国的高速公路网络。公路和铁路建设的逐渐完善，使得成都与周边各省市乃至全国交通相联，加之成都国际航班的逐渐增多，可以使西南地区的游客可以借助成都地区便捷的交通进行出境旅游活动，完善的铁路、公路和航空运输使得西南地区的居民出境游更加便利。

3. "领馆第三城"的优势明显

成都的领馆数量在西南地区优势明显。早在1985年，成都就迎来首家外国领事机构——美国领馆。随后，2004年德国领馆入驻，随后各国领馆以每年一到两家的速度涌入：2005年，韩国和泰国；2006年，法国和新加坡；2007年，巴基斯坦；2008年，菲律宾设领获批；2009年，斯里兰卡。2013年至2014年，澳大利亚、以色列、新西兰又在成都设立领馆。目前，成都的领事馆以总数12个位列全国第三，紧随上海（74个）和广州（50个）。数量众多的各国领事馆能够辐射整个西南地区，使得游客的出境游签证办理更加快捷便利，大大缩短所需时间，促进了西南地区的出境旅游。

4. 监管有力，出境游市场秩序良好

成都政府和相关部门在加强监管、规范市场秩序方面做了大量工作。深入开展出境旅游团队检查，规范出境旅游社的操作程序，认真做好出境游团队的全程管理。要求旅行社强化合同管理，出境游组团社必须与境外地接社签订规范、完备的合同，必须与游客签订旅游合同，明确旅行社的权利义务，也要明确游客应承担的责任，同时加强对出境游领队的管理，要求领队发挥好组织、协调、引导旅游团队的作用。加大出境旅游市场的暗访。聘请了社会旅游服务质量监督员，采取明查暗访等多种形式，加强对旅游企业、旅游沿线全方位的监督检查，充分调动社会各方力量，形成一种社会化、常态化的旅游市场监督机制。加强旅游市场诚信体系建设。充分发挥旅游行业协会的重要作用，引导企业建立完善行规行约，形成行业自律约束机制，大力推动行业诚信体系建设。发挥了媒体宣传和监督作用，引导游客文明旅游、理性消费。采取多种方式，多种途径，规范出境旅行社的操作行为。通过这些举措，有力地规范了成都出境游市场的秩序。

四、重庆市场

（一）出境旅游市场概况

1. 出境人数大幅增长

重庆旅游局发布的最新数据显示，2014年，重庆市民出境游达120.84万人次，同比增长31.36%。其中出国游增长强劲，出国游人数（不含港、澳、台）达96.96万人次，同比增长41.88%。港澳游增幅较小，港澳游人数18.32万人次，同比增长2.06%。赴台游略微下降，赴台游人数5.56万人次，同比下降2.51%。

2. 部分目的地增幅显著

2014年重庆市场出境游目的地前5位国家为：泰国、韩国、新加坡、马来西亚、日本。

日韩和澳大利亚市场大幅增长。其中日本游同比增长361.51%，韩国游同比增长260.31%，澳大利亚游同比增长146.40%。赴日本旅游增幅较大的原因是2014年7月下旬春秋航空在渝开通了直飞大阪的直航。而赴日旅游价格大幅下降，也激发了市场的热情。以往赴日6日游常规团价格在6000元左右，现在只要4000元左右。日元贬值和针对外国游客的8%退税也提振了市场需求。韩国增长的主要原因也与重庆2014年新增多个包机有关。同时首尔过境免签等政策也给市场带来刺激。澳大利亚产品的价格随着2014年重庆到悉尼的直航开通后大幅下降。8～10日游的常规线路参团价从1万多元下降到7000多元，从而形成了市场快速成长的局面。

东南亚市场快速增长。其中印度尼西亚游同比增长85.44%，柬埔寨游同比增长148.56%，越南游同比增长139.14%。传统的主要出境旅游目的地泰国也实现了稳步增长，赴泰国游客47.28万人次，同比增长13.84%，居重庆出境游首位，占整个出境游客总量的近40%。重庆直飞泰国的航班多是最大优势，目前到泰国，每周普吉有1个航班，曼谷—芭提雅每周3个航班，清迈每周2个，另外亚航每天还有两班直航。其次赴泰价格低，清迈、普吉常规6日游，价格一般都在3000元左右。新加坡是2014年重庆市民第三大出国游目的地。主要原因为新加坡往往与泰国、马来西亚组成同一线路，同时赴新加坡的商务游客较多。由于之前的马航事件影响，东南亚市场一度下滑严重，但随着各国采取相应措施，加之与重庆市居民较近，性价比较高等原因，使得重庆游客前往东南亚各国旅游的市场得以很快恢复。

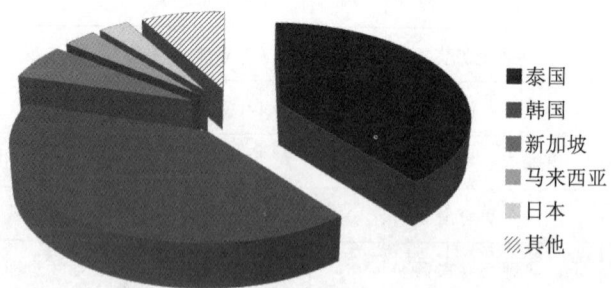

图2-2 重庆出境旅游目的地分布

资料来源：重庆市旅游局。

(二)出境旅游市场影响因素

1. 经济发展向好,城乡居民收入水平和生活质量不断提高

2014年,重庆实现地区生产总值14 265.40亿元,同比增长10.9%,较全国高3.5个百分点。工业、服务业、投资、消费、进出口等主要经济指标均保持稳定增长态势,经济增速放缓适应了调整结构、扩大就业、增加居民收入、保持社会稳定大局的需要,经济增长质量和效益稳步提高。就业、居民收入、物价指标处于良好运行态势。全市城镇新增就业65.3万人,城乡居民人均可支配收入分别增长9.0%、11.5%,全市居民消费价格同比上涨1.8%,连续3年维持较低涨幅。持续稳定的经济增长使得居民收入不断增加,消费性支出也随之增长,为出境旅游的发展奠定了经济基础。

2. 日韩政府及民间的交流不扩大

2014年8月,重庆市旅游协会与韩国济州特别自治道观光协会日前在重庆签订《旅游友好合作协议书》,双方将开展两地包机直航和邮轮旅游业务、游客统计信息共享、游客互送等方面的合作,为两地区间的进一步旅游合作交流打下了坚实的基础。

3. 国际直航航线和旅游包机不断增多

2014年度,重庆的出境航线增长迅猛,达到历史新高的26条,增幅达15%。新开辟了韩国大邱、斯里兰卡等多条航线。伴随着多条航线的交织,山城重庆已经成为一个出境旅游的新口岸。截至2014年末,由重庆出发的直飞航线,已经覆盖了东亚、南亚各国。

4. 签证便利化有力助推重庆出境旅游

荷兰驻渝总领事馆的开馆,让重庆目前入驻领事机构的数量达到了10家,在全国位列第四,位居上海、广州、成都之后。在驻渝的10家领事馆中,能直接受理签证申请的为日本、柬埔寨、菲律宾、匈牙利、埃塞俄比亚5个国家。其中匈牙利领事馆还代办荷兰、奥地利、捷克、芬兰、瑞士、斯洛文尼亚、爱沙利亚、立陶宛等国家的签证。英国、加拿大、丹麦领事馆,委托签证中心办理其签证业务。

五、广州市场

(一) 出境旅游市场概况

1. 出境旅游市场基本面持续向好

受人民币持续升值和世界各地对中国游客放宽签证等利好因素影响,2014年以来华南地区居民出境旅游市场持续稳定增长。以广东省为例,截至2014年12月,全省旅行社组织出境旅游836.66万人次,亚洲市场占出境总人次的95.18%,达796.33万人次;其中组织港澳游496.12万人次,占亚洲市场的62.30%,组织台湾游29.36万人次,占亚洲市场的3.69%。

2. 出境旅游市场客源产出、流量与流向分析

该部分以广东省为例,根据广东省旅游局统计数据,对该地区出境旅游市场客源产出、出境流量和流向特征进行分析。

(1) 2014年广东省各市客源产出规模比较。

根据广东省旅游局统计数据,2014年广东省各市出境旅游人次分布情况如图2-3所示。深圳市、广州市、佛山市、珠海市和中山市出境人次排在全省前五位,规模分别为432.01万人次、226.90万人次、54.46万人次、45.91万人次和30.57万人次。这五个城市为广东省的主要出境游客产出地,该五个城市的出境客源产出量占整个广东省出境总人次的94.41%。

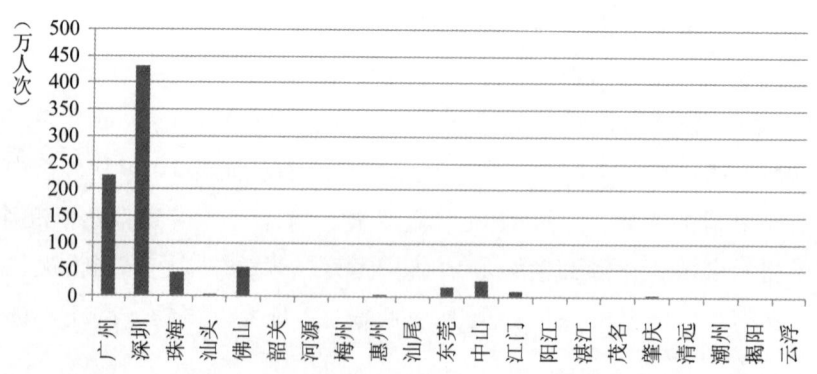

图2-3 2014年广东省各市出境旅游人次分布情况(团体)

(2) 2014年广东省出国与赴港澳台市场规模比较。

2014年,广东省出境旅游(团体)数量以赴港旅游为主,赴港旅游人次占

出境旅游总规模的45.59%，出国旅游占出境旅游总人次的37.19%，而赴中国澳门和中国台湾地区旅游人数分别占13.71%和3.51%。

图2-4　2014年广东省出国和赴港澳台地区
旅游市场占比情况（团体）

（3）2014年广东省出境旅游市场洲际比较。

2014年，广东省出境旅游（团体）主要集中在亚洲市场，赴亚洲旅游人次达796.33万人次，其次是欧洲市场和美洲市场，市场规模分别为60.10万人次和18.36万人次。

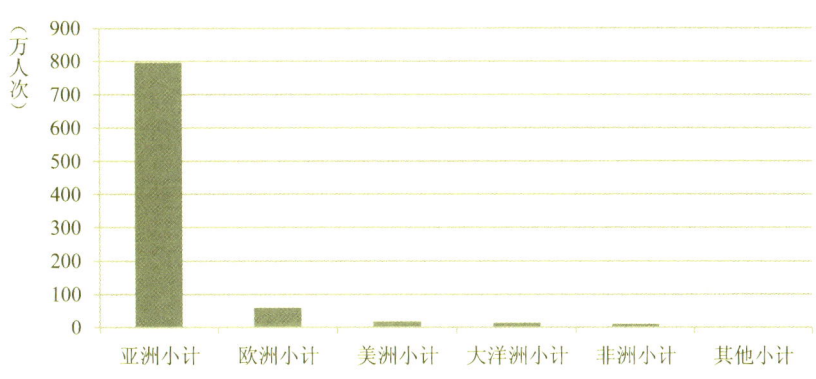

图2-5　2014年广东省出境旅游市场洲际比较情况（团体）

（4）2014年广东省出境游客赴主要旅游目的地人次（前十位）。

2014年，广东省出境旅游（团体）旅游目的地排名前十的地区包括：中国香港、中国澳门、泰国、韩国、新加坡、马来西亚、中国台湾、日本、印度尼西亚和美国。广州赴各主要出境旅游目的地人次（团体）如图2-6所示。

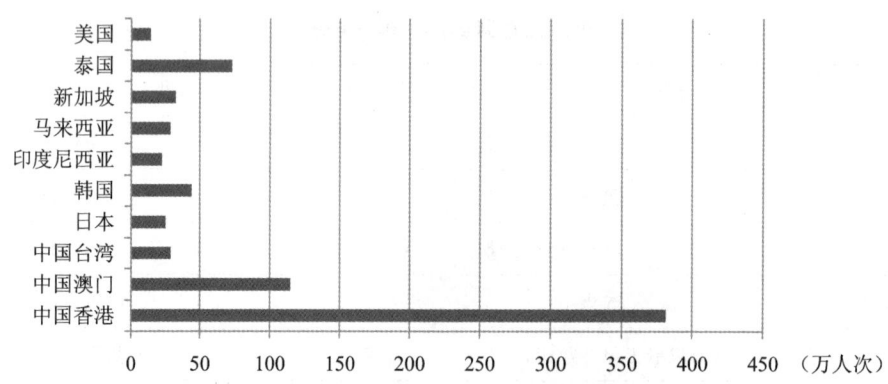

图 2-6　2014 年广东省出境游客赴前十位主要旅游目的地人次（团体）

3. 出境旅游市场的游客消费行为分析

该部分以广东省为例，根据广东省旅游局 2013 年问卷调查数据，对该地区出境旅游市场游客消费特征进行分析。本次调查样本共计 3736 个，2013 年广东省居民出境游人均花费 6811 元，人均每天花费 1918 元。

（1）广东居民出境旅游主要以观光/游览目的为主。

根据抽样调查结果，38.7% 的受访者出境旅游的目的是观光/游览，其次是购物类占比为 19%，休闲/度假类占比 18.7%，排名第三位。

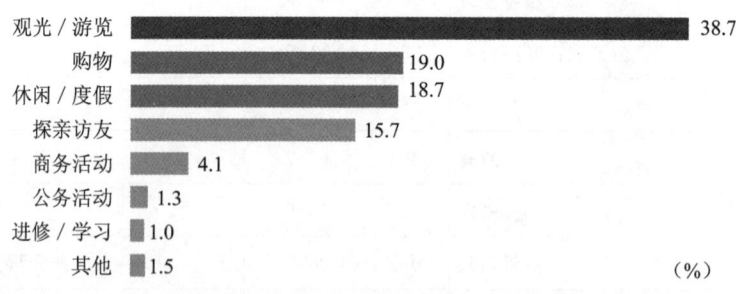

图 2-7　广东省出境旅游目的分布图

（2）参团游客境外花费以购物和旅行社团费为主。

参团出游游客在境外的花费中，53.7% 用于购物消费，旅行社团费只占 41.3%，其次是博彩花费等。

图 2-8　参团出境旅游游客花费情况

（3）自由行游客境外花费以购物和旅行社团费为主。

根据广东省旅游局抽样调查数据，散客境外花费以购物为主，占比高达58.9%，其次为国际间长途交通费、住宿、餐饮和博彩，占比分别为9.9%、8.6%、8.5%和6.8%。

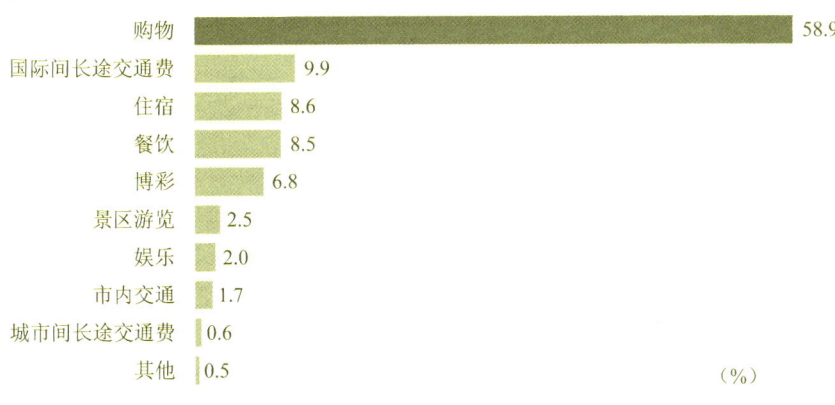

图 2-9　自由行游客境外花费情况

（二）出境旅游市场影响因素

1. 受汇率波动加剧影响，出境游组团社结汇差价拖累获利能力

受美国经济复苏、美元走强等因素影响，2014年以来，人民币汇率一改连续近10年的上升趋势出现急速贬值。在我国出境旅游市场的需求刚性背景下，人民币贬值对出境游组团社的影响程度大于对市场需求的刺激程度。根据行业惯例，出境游组团社向上游资源方采购产品/服务后的结算期为60~90天。据不完全统计，由于汇率的剧烈变动，2014年华南地区出境游组团社支付给境外资源方的成本结算费用将上涨10%~20%。因此，受汇率波动影响，出境游组团社结汇差价总体上拖累了其获利能力。

2. 广州游客对地方旅游品牌的高忠诚度，抬高了当地市场进入门槛

2014年，我国大型出境游运营商纷纷布局外地并开展目的地地面服务，如凯撒旅游在广州等地建立分公司。然而，根据实际调查发现，由于广州出境游市场起步较早，当地游客对地方性旅游品牌的忠诚度较高，游客更多地倾向于选择广之旅、南湖国旅、广东国旅等当地出境游组团社。这使得大型出境游运营商的空降尚未对当地市场份额产生巨大影响，在一定程度上抬高了区域市场的进入门槛。

3. 游客需求不断转型，以新西兰为代表的新型远程目的地市场潜力将逐渐释放

受益于东南沿海的区位优势和经济发展水平全国领先，广州市一直是我国出境旅游市场客源产出量较高的区域。过去一段时期，广州市出境目的地选择经历了以欧洲、新马泰为代表的观光型，向以巴厘岛、普吉岛、马尔代夫为代表的度假型的转变。现阶段，随着远程旅游产品价格不断下降和世界各地对华签证政策的放宽，以新西兰为代表的旅游目的地，凭借反季景色诱人、旅游资源丰富等优势，逐渐成为华南出境市场新宠。根据新西兰旅游局官方数据显示，中国是近年来新西兰增长最快的客源市场，2013年3月至2014年3月，近24万人次中国游客前往新西兰旅游，其中广州游客是重要组成部分。以广东南湖国旅为例，其组织新西兰出境游以来，报团人数每年平均增长15%到20%。市场的迅速增长推动了航空资源的投入增加，中国南方航空从2013年年底开始投入波音787-8客机，执飞广州—奥克兰航线，并在夏天旺季增至每周14班。广之旅也将于2015年春节期间推出广州直航新西兰基督城旅游包机。在诸多利好因素的推动下，以新西兰为代表的新型远程目的地市场潜力将逐渐释放。

4. 地方政府对游客海外安全风险防范的积极引导有望逐步树立中国游客海外新形象

为加强广东省居民的海外安全风险防范意识，提升出境旅游文明素质，2014年，广东省旅游局和省外事办联合举办出境游海外安全文明宣介会，来自珠三角地区的旅游和外事部门、省内出境游组团业务量较大的旅行社负责人及领队代表共150多人参加了活动。参加会议的各级旅游部门、旅行社和导游领队要以本次活动为新的契机，更加强化"游客为本，服务至诚"的旅游行业核心价值观，把提升游客安全与文明旅游素质，贯穿到为游客服务的各个环节中去，把好组团关、落地关、行程关，全过程、全方位地发挥宣传、引导、监督功能，进一步推动安全文明旅游工作向纵深发展。广东省外事办印制了《领事

第二章 客源地产出特征
Chapter Two　Output Features of Tourist Source Market

保护和协助指南》，还开通了"平安走四方"微信公众订阅号，帮助广大游客加强安全防范意识，规避安全风险，倡导文明出行，努力展现中国公民的良好形象，做促进中外友谊的文明使者。

六、典型城市出境市场比较

本节依据调研资料，对北京、上海、成都、重庆与广州五个城市的出境市场消费特征进行了对比分析。

（一）出境游客人文特征统计

（1）重庆出境游客女性比例相比其他城市更高。

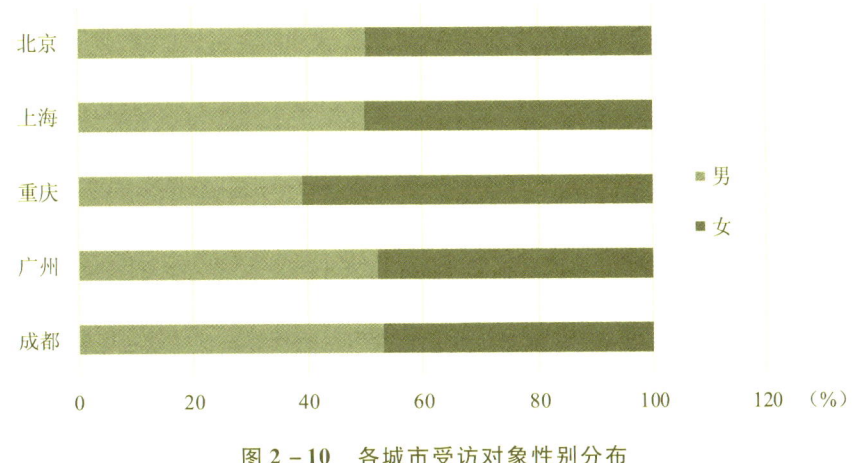

图 2－10　各城市受访对象性别分布

（2）广州 45 岁以上的出境游客比例最高。

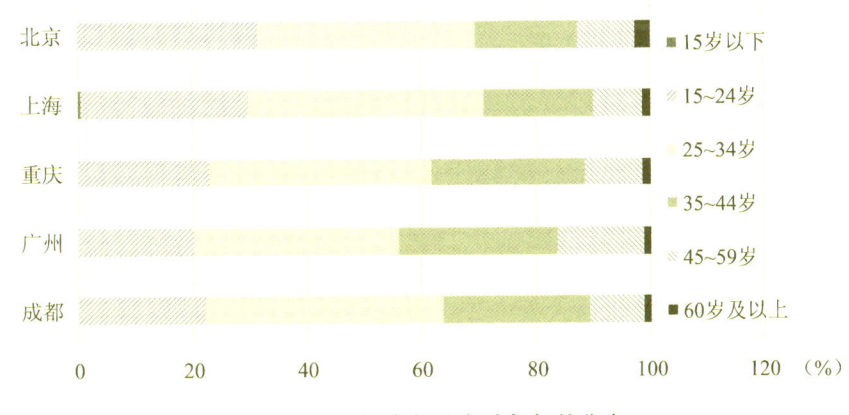

图 2－11　各城市受访对象年龄分布

（3）北京具有本科及以上高学历的出境游客占比最大。

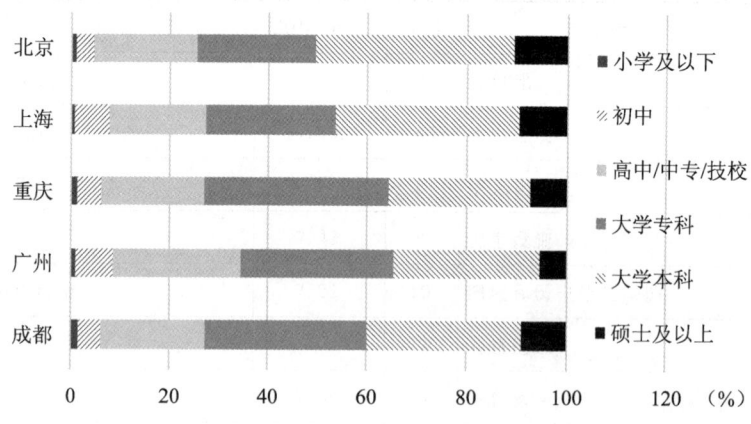

图2-12　各城市受访对象学历分布

（4）成都市高收入游客比重最大。

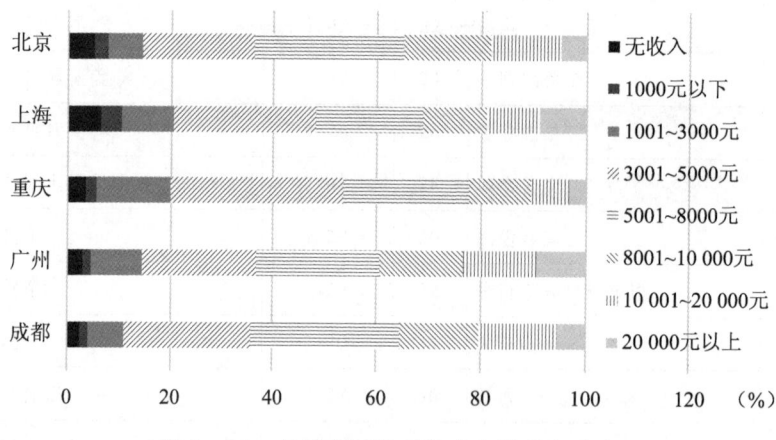

图2-13　各城市受访对象个人月收入分布

（二）出境游客消费决策影响因素

（1）重庆游客休闲度假的比例最高；广州游客游览观光比例最高。

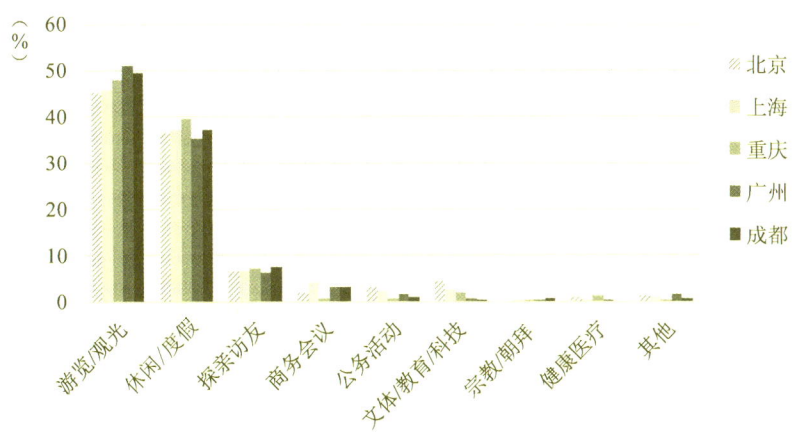

图 2-14 各城市出境游客的出境旅游动机

（2）北京游客对旅行费用敏感度较低，但对休闲的环境要求较高；重庆游客对旅游地交通及住宿要求相对更高。

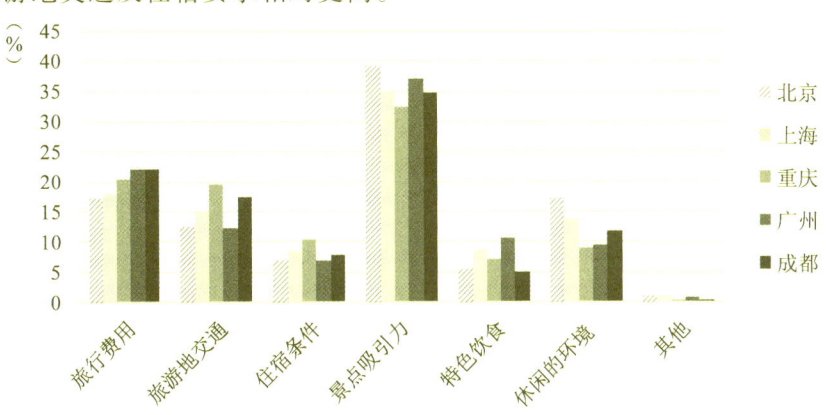

图 2-15 各城市出境游客出境最关注因素

（三）出境游客消费决策特征

（1）北京自助游客比例位居五城市之首，重庆参团人数比例最高。

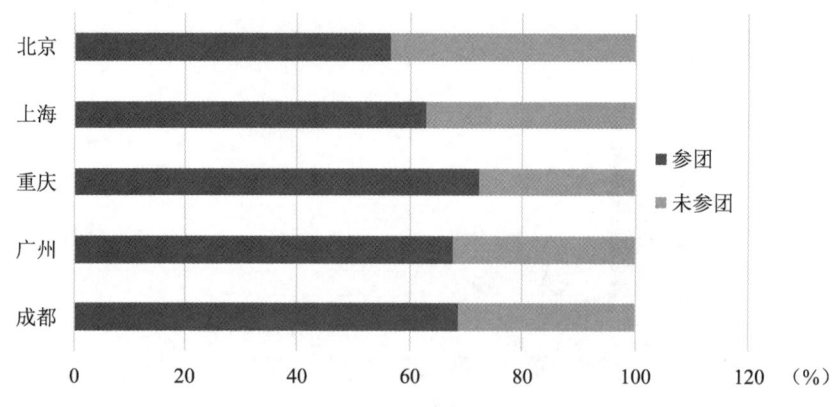

图 2-16　各城市出境游客出境方式选择

(2) 北京、上海游客独自出游比例较其他城市更高。

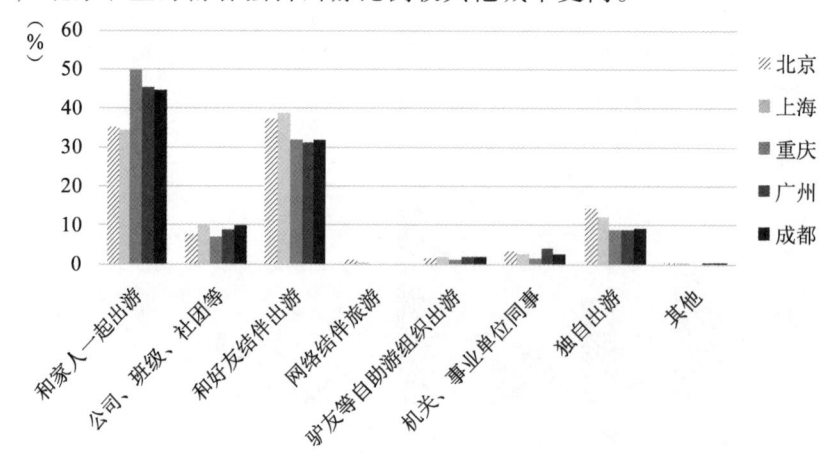

图 2-17　各城市出境游客出游结伴对象分布

(四) 出境游客消费结构特征

(1) 北京游客人均消费 10 000 元以上的游客比例最高。

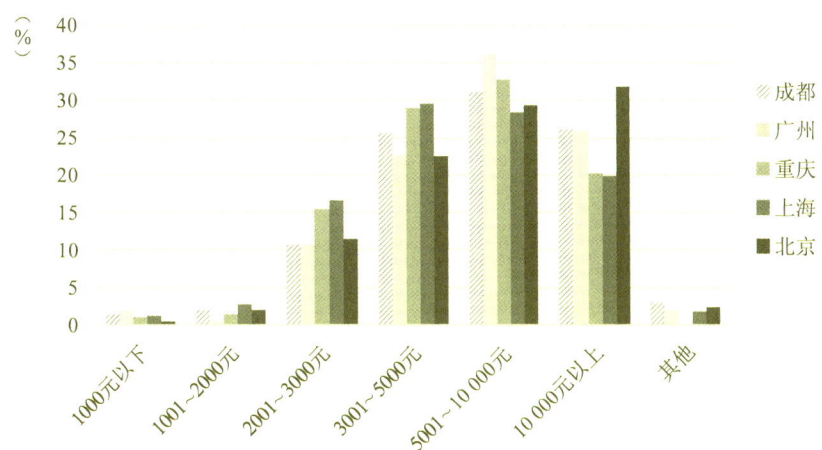

图 2-18　各城市受访出境游客人均花费分布

（2）各城市出境游客主要以自费为主，广州游客自费项目消费最大。

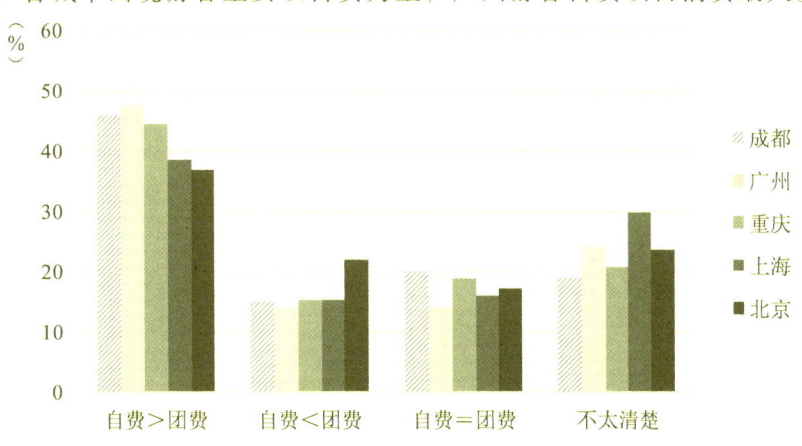

图 2-19　各城市受访出境游客自费与团费消费分布

（3）重庆游客旅游购物消费明显高于其他城市，北京游客对交通舒适度要求较高；而上海游客较其他城市游客更追求享受，对住宿、文化娱乐和餐饮的消费较其他城市更高。

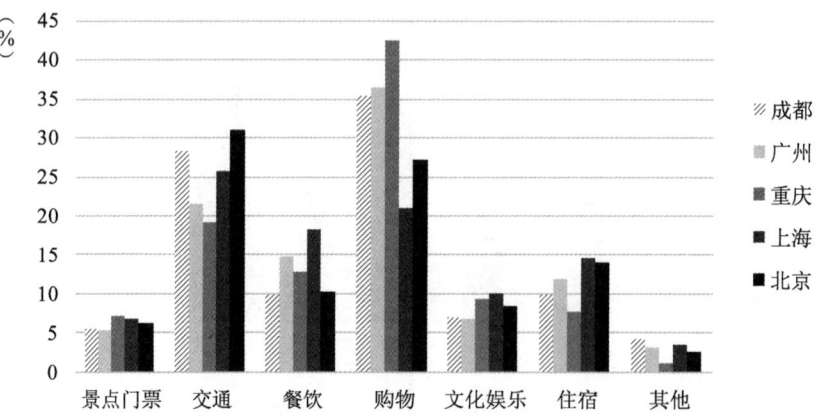

图 2-20　各城市出境游客旅游花费最高的项目分布

第三章

目的地消费行为

第一节 总体分析

一、出境游客消费特征变量结构

本次调研使用的问卷是由中国旅游研究院设计完成的"出境旅游行为调查问卷",共涉及 26 个变量。本次调研将变量抽象为 6 个范畴,分别为人文统计要素、消费决策影响因素、消费决策、消费结构、消费预订渠道和未来消费意向。调研始于 2014 年年初,每个季度完成一次调研。调研组同时在北京、上海、广州、重庆、西安、沈阳、成都与杭州 8 个城市开展问卷调研,本次调研共收回有效问卷 16 442 份。

二、出境游游客人文统计特征

通过对 2014 年出境游客的人文统计特征调查分析发现:出境游客的性别比例差距较大,女性市场大于男性市场;中青年出境游客居多,25～44 岁年龄段人数所占比例高达 64.9%;大学本科和大学专科学历的出境游客人数比例最高,合计约 66.8%;出境游客中从事批发零售行业的游客所占比例最高,为 12.4%;个人月收入在 3001～8000 元的比例最高,合计为 54.6%,出境游客向中等收入人群扩散的趋势日益明显。

(一)女性游客出行比例较大

男性出境游客的比例为 39.1%,女性比例为 60.9%,差距为 21.8%。

(二)80 后成为出行主体

25～34 岁的出境游客最多,比例为 37.6%,这一年龄段的人属于 80 后。其次是 35～44 岁的出境游客占比为 27.3%。总体来看被调查者年龄大都分布在25~44岁，中青年较多。

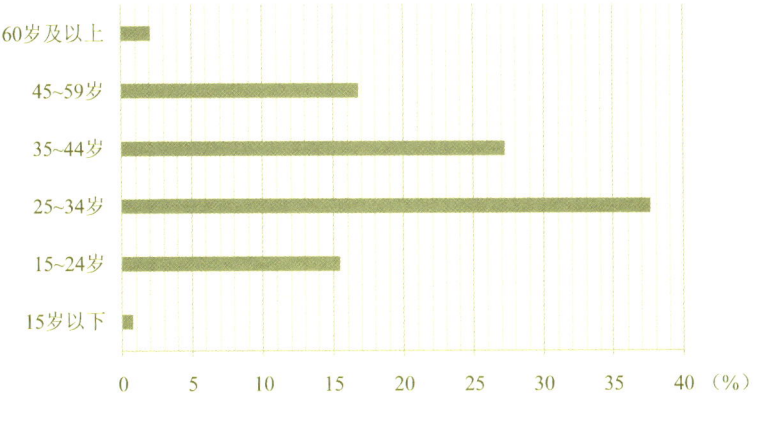

图3-1 2014年中国受访出境游客年龄分布

（三）出游人群主体为大学本科与专科学历者

在调查对象中大学本科学历者与大学专科学历者总和占比达66.8%，硕士及以上学历者和小学及以下学历者占比仅为3.6%。

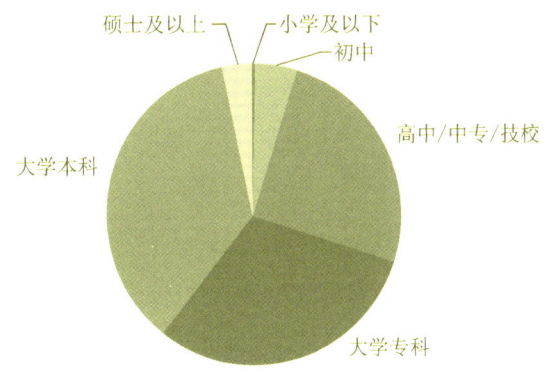

图3-2 2014年中国受访出境游客学历分布

（四）职业覆盖面广泛

受访者所从事的行业覆盖面非常广，几乎涵盖各个行业的人员。但以批发零售业、制造业、教育和金融业从业者居多，占比分别为12.4%、9.6%、8.5%和8.2%。

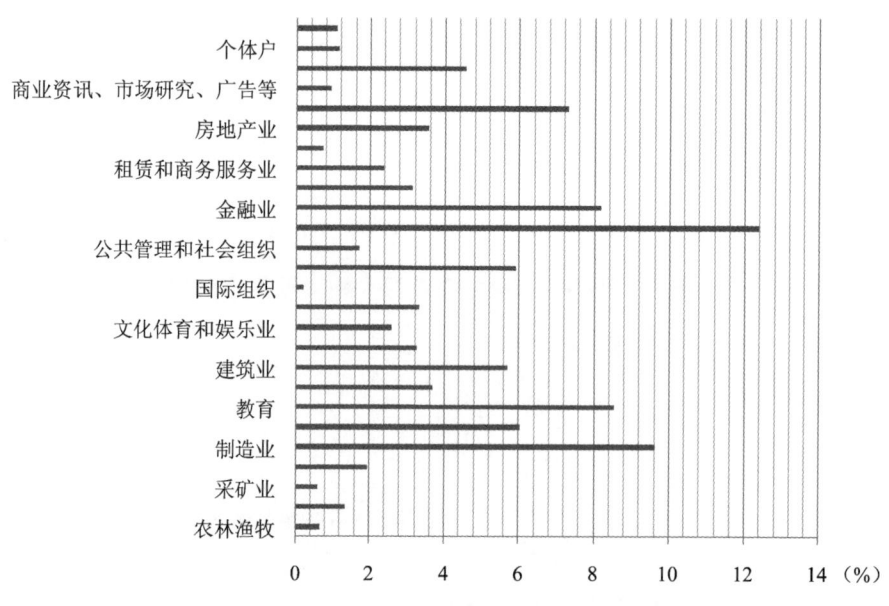

图3-3 2014年中国受访出境游客职业分布

(五) 中高收入人群为出游主体

被调查者税前月收入主要集中在3001~8000元，占比为54.6%。1000元以下和20 000元以上收入者较少，占比为9.6%。

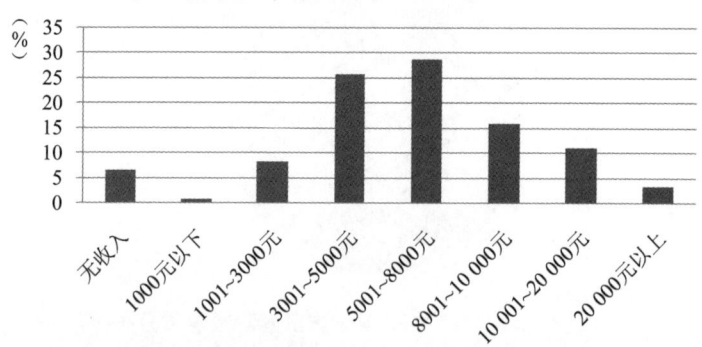

图3-4 2014年中国受访出境游客个人税前月收入分布图

三、出境游游客消费决策影响因素

通过调查统计我们发现：首次出境旅游的游客居多，占比40.4%；游览观光和休闲度假是出境旅游的主要目的，分别占比56.2%和37.3%；61.7%的调研对象认为出境旅游是重大消费决策；通过对出游频率和决策重要程度两项的统计判断，出境旅游仍然是人们普遍难以决策的消费选择。

（一）首次出境的游客居多

出境游客以首次出境旅游的居多，比例为40.4%，其次是第二次出游的，占比为26.0%，第三次出游的受访者占比为15.1%，三次以上的受访者占比为18.5%，可以说大部分境外出游的游客出游频率并不高。

（二）游览观光与休闲度假是出境旅游的主要目的

游客境外旅游的目的以游览观光和休闲度假为主，这两项的加和占总被调查人数的93.5%。

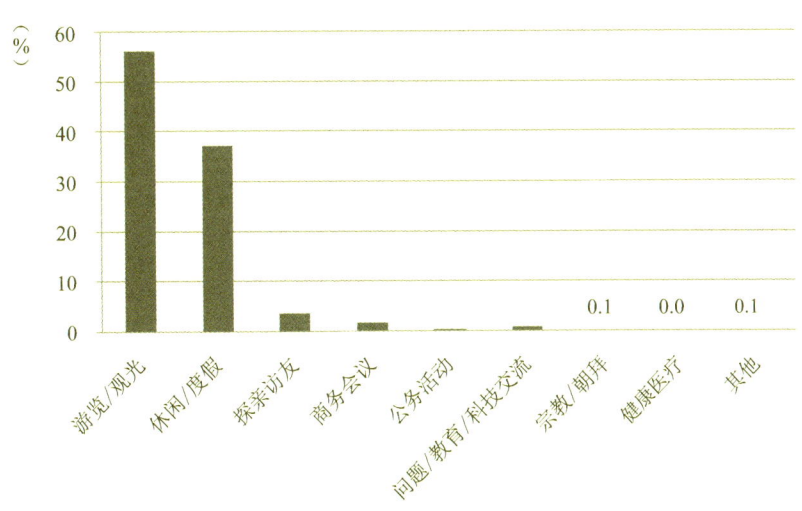

图3-5　2014年中国受访出境游客出行目的分布

（三）出境旅游对于大多数消费者来说仍属于重大消费

2014年受访者中认为出境旅游是重大消费决策的为61.7%。

（四）出境旅游信息来源以网络、亲友介绍或旅行社咨询为主

被调查者开展出境旅游活动之前的信息来源大都是网站/BBS/论坛、亲友介绍或到旅行社咨询，在被调查者中选择这三种信息了解渠道的人数分别占总受访人数的59.9%、58.8%和50.9%，三类选项所占比重均超过总调查者人数的一半。

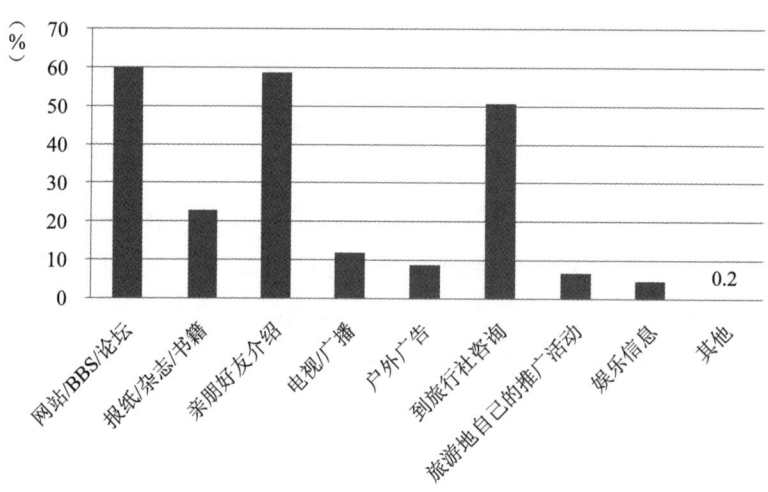

图 3-6　2014 年中国受访者出境游信息来源（此项为多选题）

（五）出游前主要查找景区、价格与民俗风情信息

从调查结果来看，出境旅游的游客在出游前主要了解的信息有景区/景点信息（68.9%）、旅游价格信息（56.2%）和旅游地民俗风情信息（36.1%）。

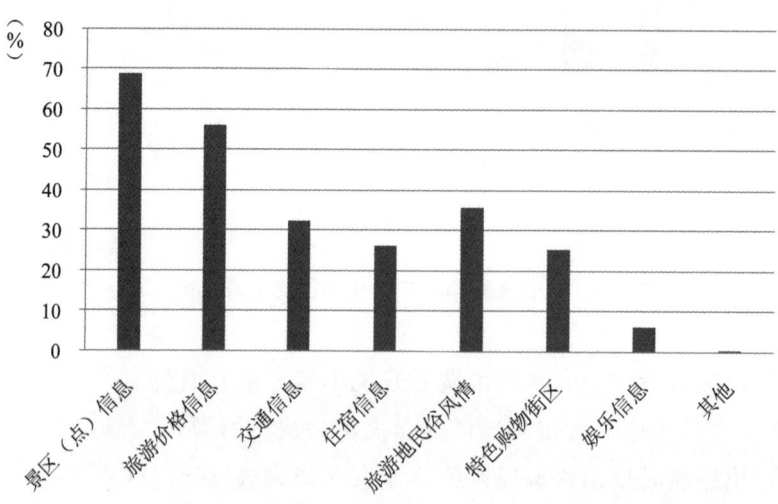

图 3-7　2014 年中国受访者出游前了解的信息（此项为多选题）

四、出境游游客消费决策特征

出境游客多与家人或朋友一起结伴而行,在选择境外旅游目的地时,更加注重景点的吸引力和旅游地的吸引力,76.6%的受访者愿意通过旅行社安排出游活动,在选择旅行社时游客更注重旅行社的知名度、诚信度和朋友是否推荐。中国游客境外旅游选择住宿酒店时青睐于中等价位酒店和经济型酒店,境外出游游客游览景点数目较多,一般在6~9个,甚至10个以上,而大部分游客境外出游时间为一周以内,所以走马观花式的旅游现象仍然存在。

(一)出境游客偏好与家人、好友结伴出游

在被调查的研究对象中,大部分游客和家人一起境外旅游,其人数约占被调查者总人数的57.3%。此外和好友结伴进行境外旅游活动的人数也比较多,占被调查者总人数的26.4%。

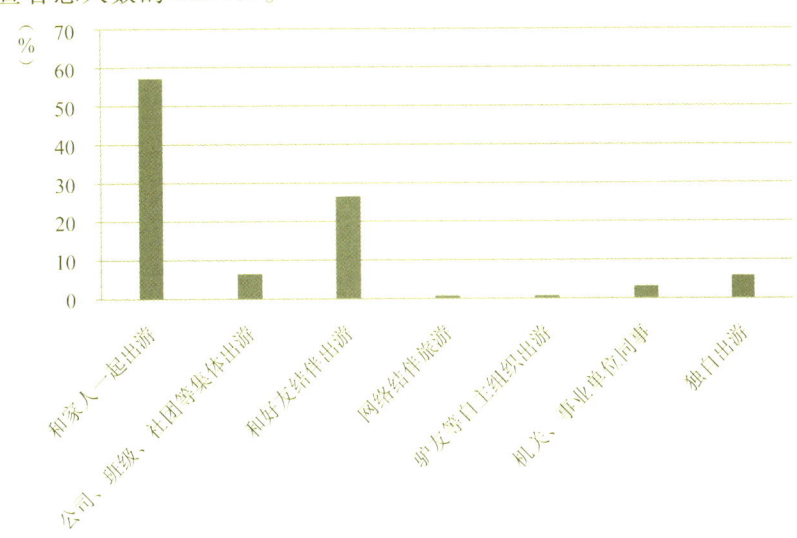

图3-8 2014年中国受访出境游客境外出游同伴

(二)出境游客目的地选择受景点/旅游地的吸引力影响最大

游客在选择境外旅游目的地时,景点的吸引力和旅游地的吸引力对游客的影响因素最大,选择此项的被调查者占比为47.0%;其次是旅行费用因素,占比为28.1%。

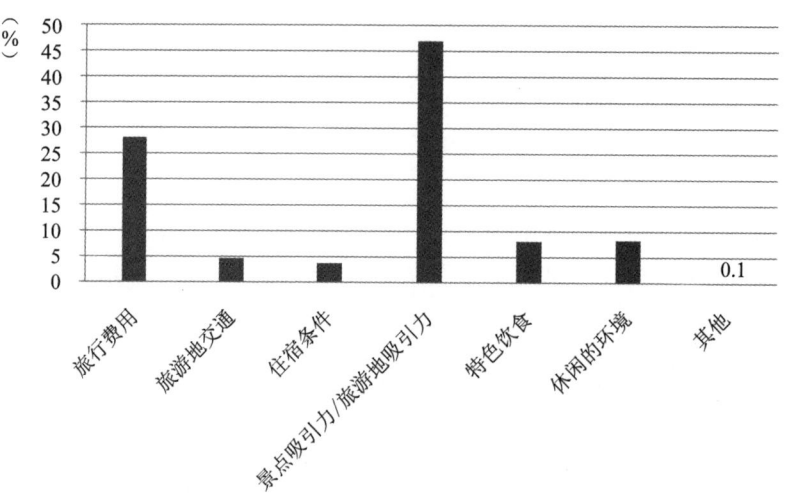

图3-9 2014年中国受访出境游客线路选择影响因素分布

(三) 境外旅游大部分参加旅行社

境外旅游参加旅行社的游客比例高达76.6%，说明大多数游客对于不太熟悉的境外旅游还是愿意通过旅行社安排出游活动的。

(四) 品牌知名度在游客选择旅游服务企业过程中起重要作用

境外旅游的游客大多选择旅行社开展境外出游活动，其中影响程度较大的因素有旅行社的品牌知名度、朋友推荐、诚信度和旅行社的收费标准，选择这些选项的受访游客所占百分比分布如图3-10所示，其中品牌知名度占比为38.7%，选择朋友推荐的比例为35.6%，选择诚信度的比例为30.3%。

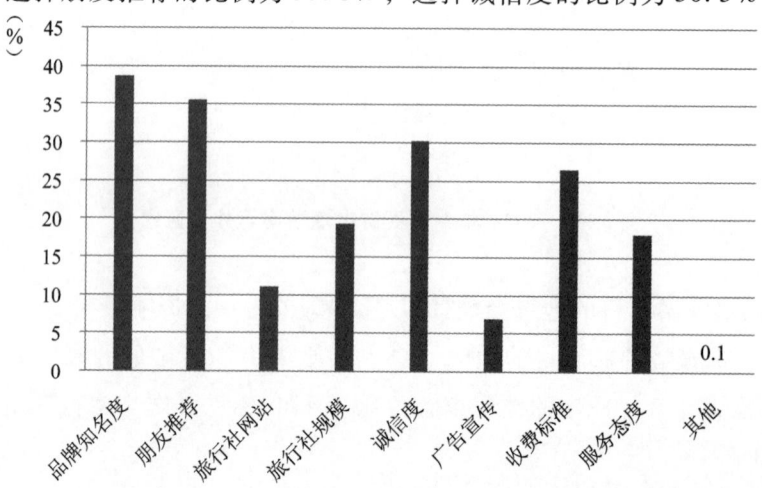

图3-10 2014年中国受访出境游客选择旅行社的影响因素（此项为多选题）

（五）走马观花式多景点旅游比例增加

调查显示，以参观景点个数在 6~9 个的人数最多，占总受访者的比例为 37.3%。参观景点个数在 3~5 个的人数占总受访者的比重为 33.2%。参观景点在 10 个以上的游客也占到被调查者总人数的 24.7%。

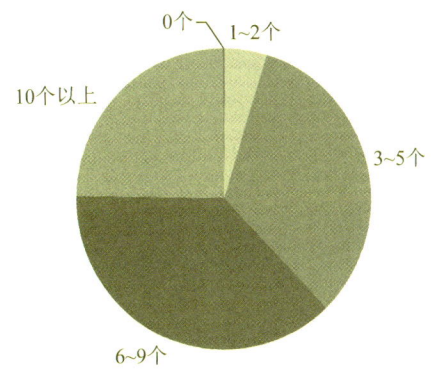

图 3-11　2014 年中国受访出境游客景点数量选择分布

（六）游客出境旅游时长一周以内的游客比率显著

境外旅游时间在 4~7 天的中国游客占比为 55.0%。8~14 天的占比为 35.7%。当天往返或出游时间在一个月以上的受访者占比仅为 1.3%。

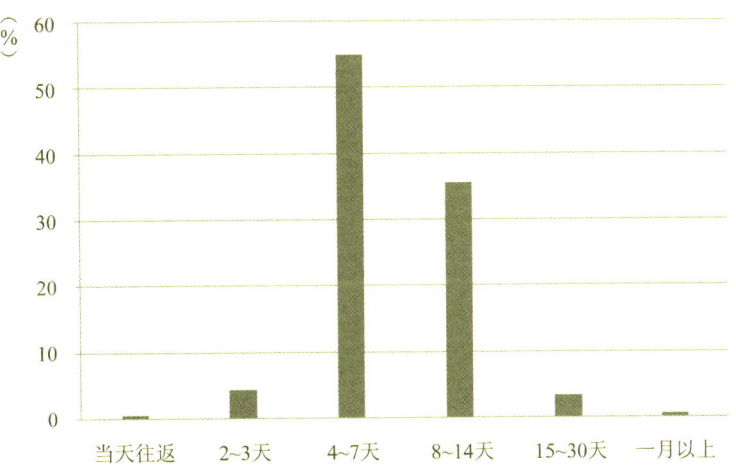

图 3-12　2014 年中国受访出境游客旅游时长选择分布

（七）中等价位酒店最受出境游客青睐，经济型酒店尾随其后

在住宿选择方面，游客偏向于选择中等价位和经济型的酒店，受访者占比

分别为44.1%和31.3%。

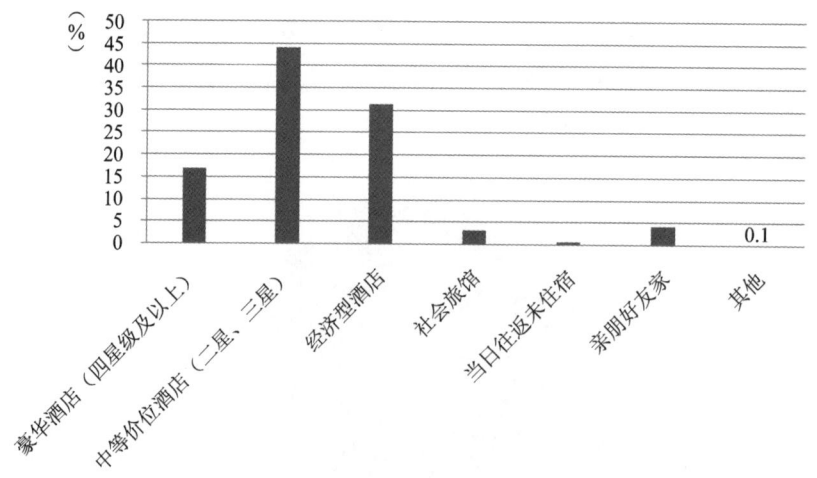

图3-13 2014年中国受访出境游客住宿选择分布

五、出境游游客消费结构特征

花费在5000~10 000元的游客比例最高，为29.9%，花费在20 000元以上的比例也很高，为25.0%；平均花费最高的项目是住宿，受访者平均花费为12 607元，其他各旅游项目平均花费也均超过6000元；在自费游与团费游花费方面，有44.2%的出境游客认为自费支出低于团费支出，40.3%的出境游客认为自费支出高于团费支出[①]。

（一）中高端消费群体比例近半

中高端消费居多，单次出境游花费在15 001元及以上的受访者占42.8%。消费在5001~10 000元的占比为29.9%。而花费在5000元及以下的受访者仅占6.4%。说明随着经济发展、居民收入水平提高，旅游消费水平也随之提高。

---

① 团费是指游客在购买旅游线路产品时所支付的一揽子服务费用。自费则是指游客在旅游过程中接受一揽子服务之外因购买额外的服务或商品所支付的费用。

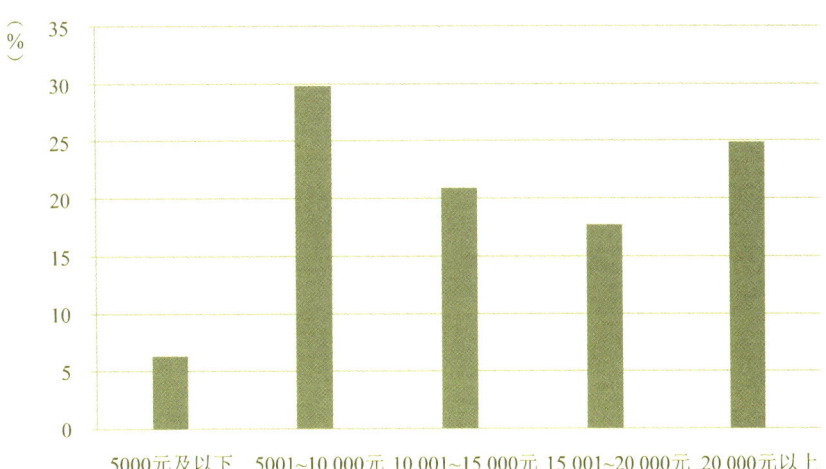

图3-14 2014年中国受访出境游客单次境外出游花费分布

(二) 境外旅游项目购物居多

选择购物项目的游客占比约为88.1%；选择餐饮的游客占比为64.8%；选择参团费用花费的游客占比约为64.1%。（此调查题目为多选题）

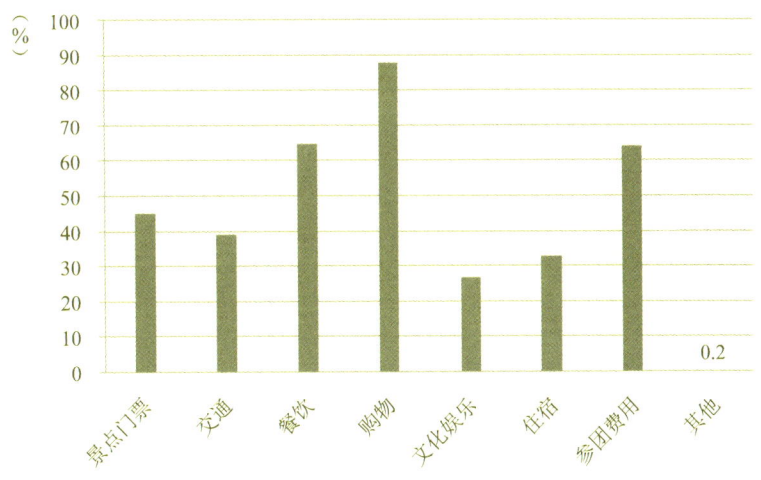

图3-15 2014年中国受访出境游客各项目消费项目（此项为多选题）

(三) 境外旅游各项目平均花费中住宿费最高

平均花费较高的项目有住宿、交通和参团费用，分别为12 607元、10 767元和9556元，均超过9000元。

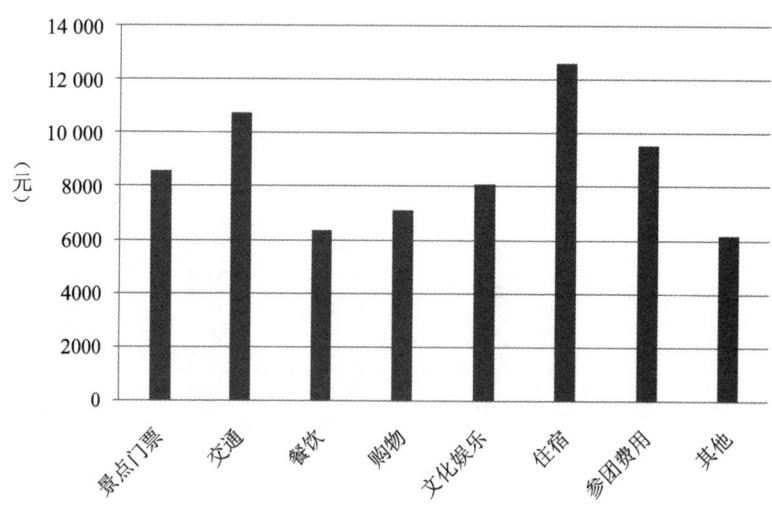

图 3-16 2014 年中国受访出境游客各项目平均消费

六、出境游游客消费预订渠道

通过数据统计发现，不论是航班预订、酒店预订、就餐地选择还是安排旅游路线，中国出境游客大都通过网络预订的渠道完成，网络在出境旅游中的利用率越来越高。

（一）航班预订渠道

有 59.7% 的游客是通过网络渠道预订机票，通过电话预订、直接去售票点购买或单位安排的渠道购买机票的受访者所占比重均在 10% 左右。

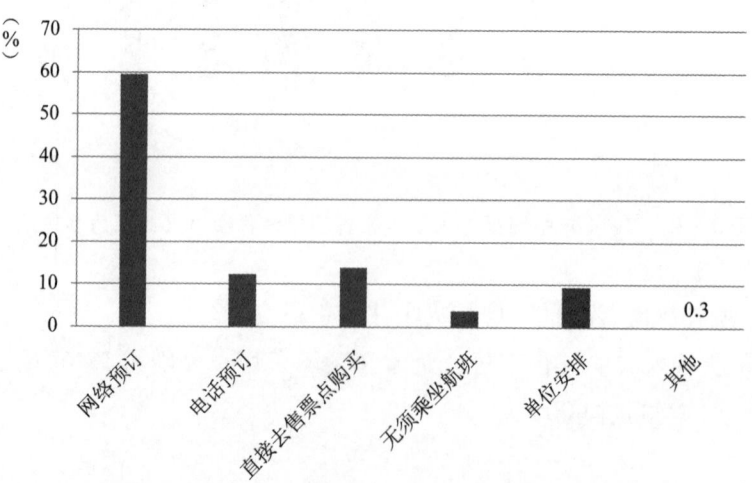

图 3-17 2014 年中国受访出境游客预订航班的渠道

(二) 酒店预订的渠道

有47.9%的出境游游客入住酒店是通过网络预订的渠道完成的。

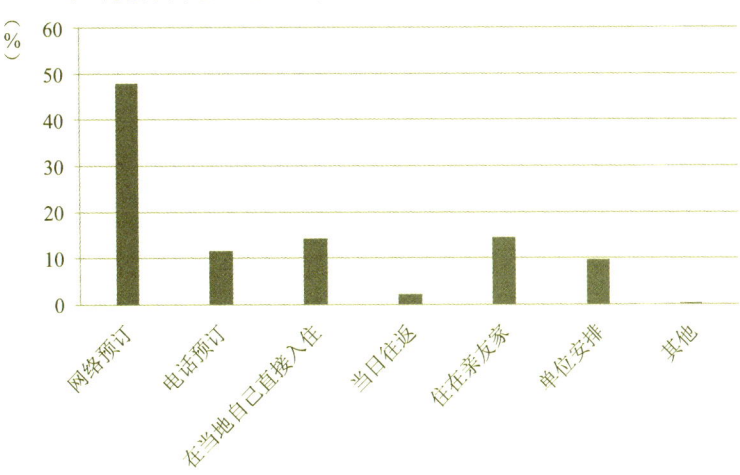

图3-18　2014年中国受访出境游客预订酒店的渠道

(三) 旅游就餐地选择的渠道

游客就餐很多都是到随意遇到的餐馆就餐解决饮食问题，这种情况的受访者占比为36.7%，另外，有23.0%的受访者通过网络查找解决境外旅游时的就餐问题，通过当地人或亲友介绍就餐的游客分别占比20.5%及18.3%。

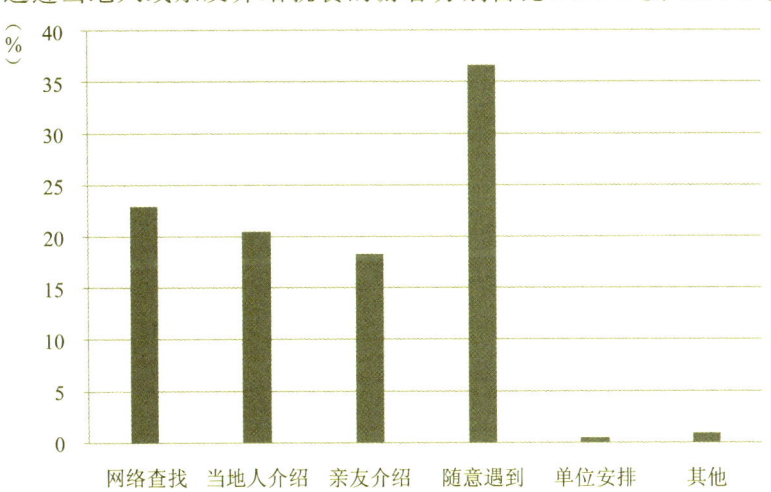

图3-19　2014年中国受访出境游客就餐地选择的渠道

（四）安排旅游线路的渠道

在境外旅游时，有51.1%的出境游受访者旅游路线的安排是通过网络查找的渠道完成，其次有26.4%的出境游受访者通过亲友介绍，12.8%的游客是临时查找的。

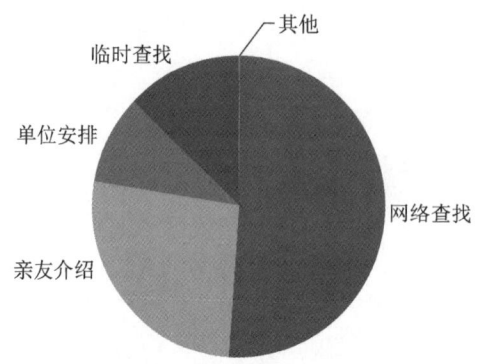

图3-20　2014年中国受访出境游客安排旅游路线的渠道

七、出境游游客未来消费意向

大部分出境游游客愿意参加旅游团进行出境旅游活动，65.8%的受访者表示未来再次出境旅游最想了解的项目是参观游览。

（一）大部分出境游客愿意参加旅游团出境旅游

受访者中有71.4%的游客愿意参加旅游团进行出境旅游活动，22.7%的受访者觉得无所谓，仅有5.8%的受访者不愿意通过参加旅游团出境旅游。

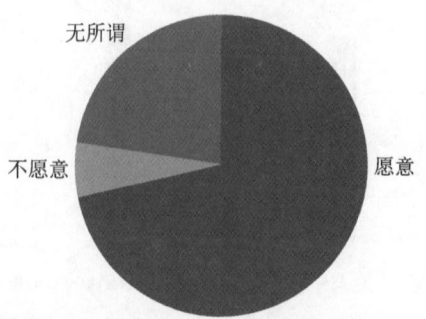

图3-21　2014年中国受访出境游客对参加旅游团出境旅游的态度

（二）出境游客未来出境主要意向以观光游览为主

从统计结果来看，出境游客未来出境主要意向以观光游览为主，选择该选项的受访者占 65.8%，参与性娱乐活动、探险活动和了解当地居民情况的项目占比相当，在 10%～13%。

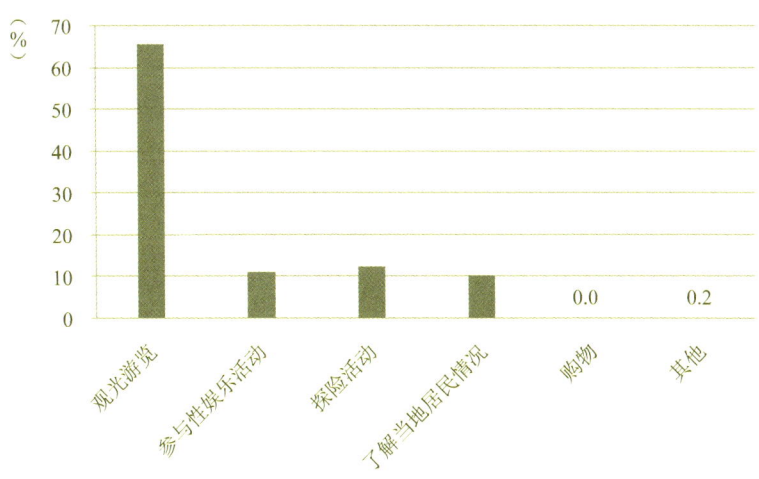

图 3-22　2014 年中国受访出境游客未来出境旅游消费项目意向分布

第二节　主要目的地消费特征

一、中国香港

（一）内地游客统计信息

内地赴港游客人数继续增长，7、8 月为旅游高峰期。

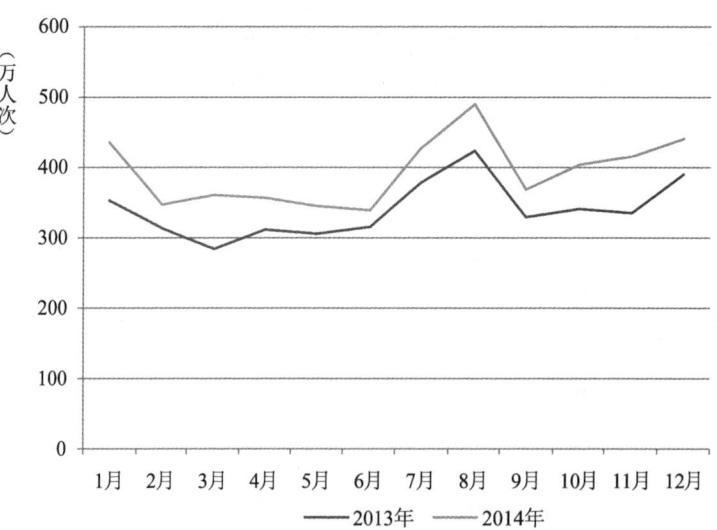

图 3-23　2013 与 2014 年中国内地赴香港游客量变化示意图

资料来源：香港旅游发展局。

（二）内地赴香港游客人口特征统计

1. 性别

2013 年，内地赴香港旅游的游客中有 39% 为男性，61% 为女性，性别比例基本与 2012 年持平。近几年来，女性游客的比重缓慢增加。

2. 年龄

内地赴港游客以中青年为主。

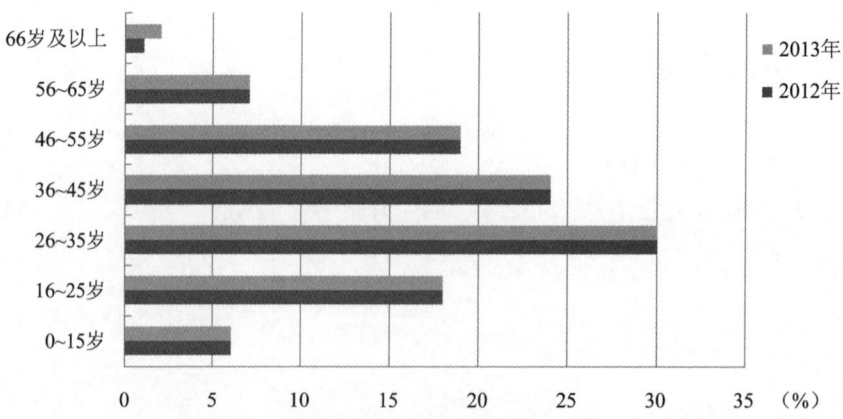

图 3-24　2012 年和 2013 年中国内地赴香港游客年龄分布

资料来源：香港旅游发展局。

3. 婚姻状况

内地赴港的游客中 70% 为已婚，与 2012 的 72% 相比略微下降。

4. 职业

内地赴港游客近 70% 是在职人士。

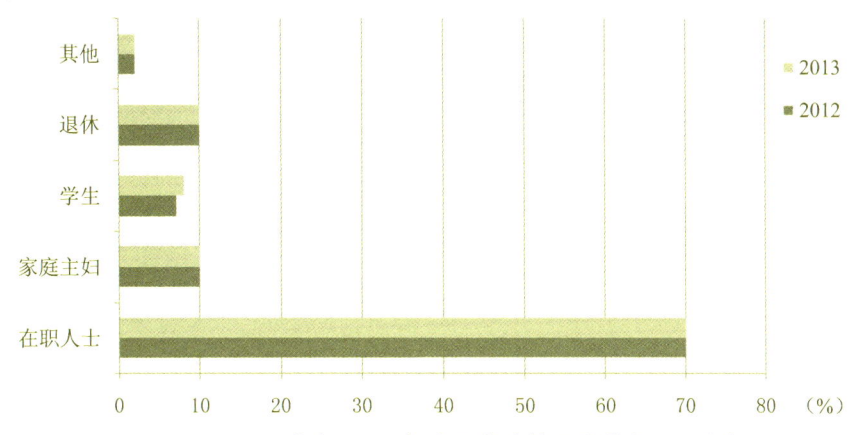

图 3-25　2012 年与 2013 年中国内地赴香港游客职业分布

资料来源：香港旅游发展局。

（三）内地游客赴香港旅游决策影响因素

（1）度假为中国内地游客访港的主要目的。

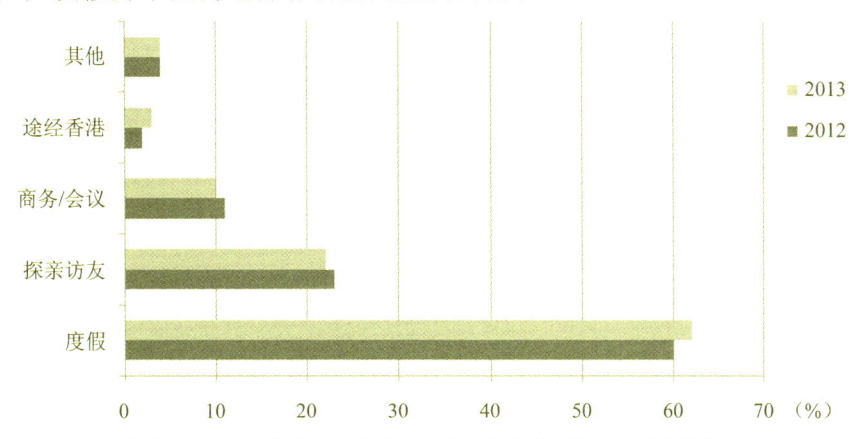

图 3-26　2012 年和 2013 年中国内地赴香港旅游目的分布

资料来源：香港旅游发展局。

（2）首次访港旅客小幅下降，内地游客赴香港重游率高。

2013 年，首次访港的内地入境过夜游客占 24%，比 2011 年的 26% 略微下降,76%的入境过夜游客是两次及两次以上访港。

(四)内地游客访港消费决策特征

(1) 大多数内地赴港游客选择结伴而游(72%),各有三成左右的游客与亲属/朋友/同事及异性伴侣同行。

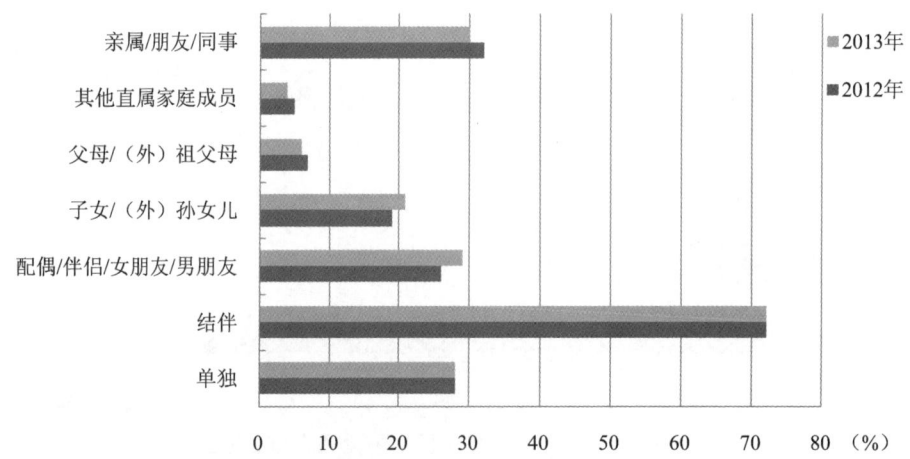

图 3-27 2012 年与 2013 年中国内地赴香港游客旅游结伴情况(此项为多选题)

资料来源:香港旅游发展局。

(2) 内地游客在港停留时间较长。2013 年,内地游客在港平均停留时间为 3.4 晚,与 2012 年的停留时间相差无几,与 2013 年香港入境游客的平均停留时间相同,低于远程客源市场游客的平均停留天数(4.0 晚),但高于其他近程客源市场游客的停留时间。

(五)内地游客消费结构特征

(1) 过夜游客的花费项目主要为购物,占总花费的比重超过 70%。

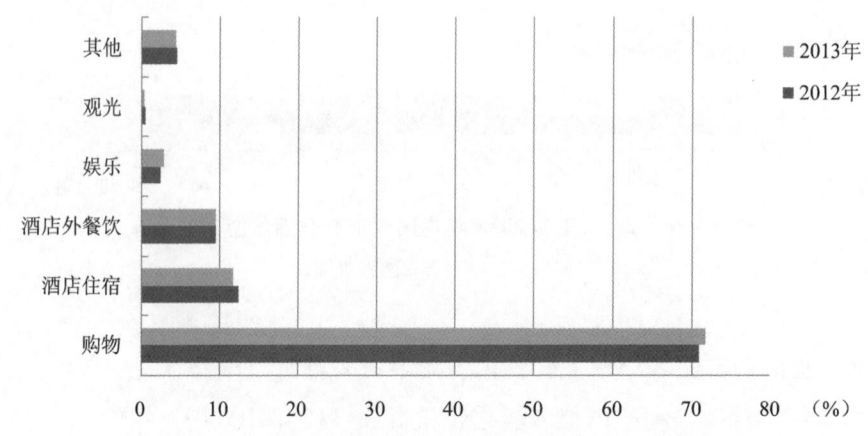

图 3-28 2012 年和 2013 年中国内地过夜游客在港消费结构

资料来源:香港旅游发展局。

(2) 内地游客购买的主要商品为化妆品、香水、衣服以及食品、烟酒等物品。

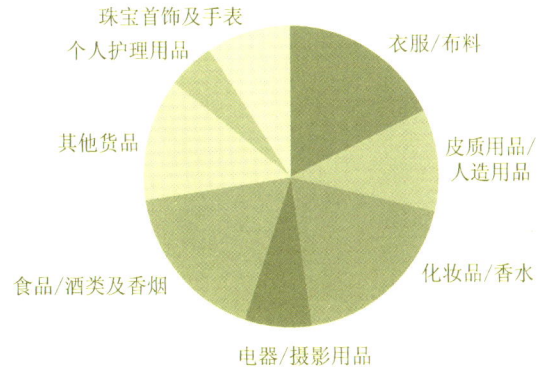

图 3－29　2013 年中国内地游客在港单项消费情况

资料来源：香港旅游发展局。

(3) 珠宝首饰及手表、电器/摄影用品的消费量显著增长。

2013 中国内地游客在港消费的单项产品中，化妆品/香水、衣服/布料、食品/酒类/香烟所占比重最大，分别占 44%、41% 和 40%。其中，食品/酒类/香烟的消费量明显增加。

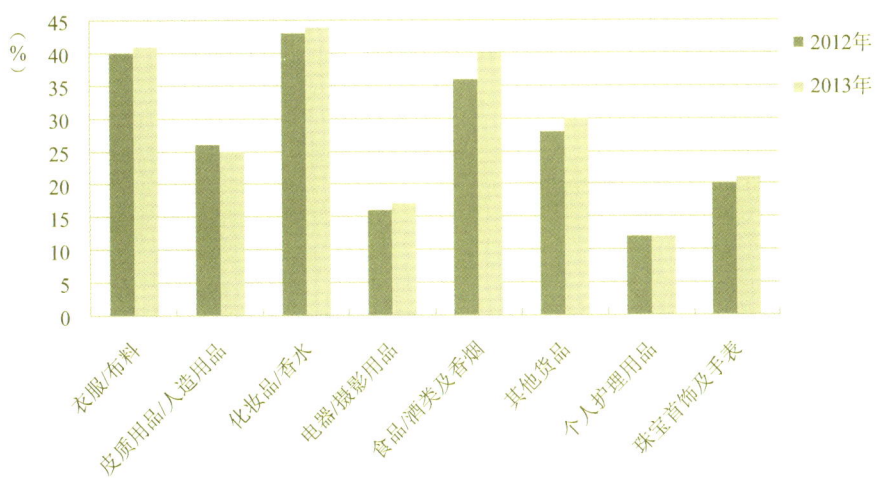

图 3－30　2012 年与 2013 年中国内地游客在港单项消费情况对比（此项为多选题）

资料来源：香港旅游发展局。

（六）内地游客满意度

2013 年内地访港游客的整体满意度较 2012 年有明显提高，除了对商店服务员好客度和空气质量的评价略有下降外，对其他项目的满意度均有提高。

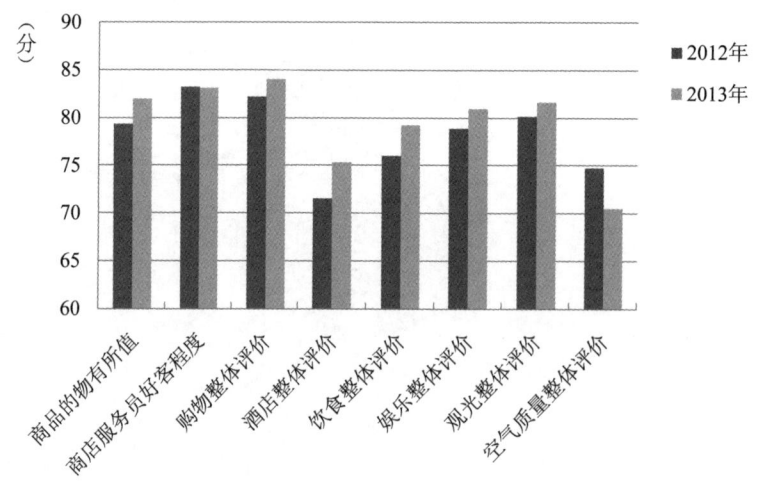

图 3-31　2012 年与 2013 年中国内地游客赴港满意度水平（满分为 100）

资料来源：香港旅游发展局。

二、中国澳门

（一）内地游客统计信息

（1）中国内地访澳旅游市场规模稳定增长，旅游高峰集中在 7、8 月。与 2013 年不同的是，2014 年 11 月内地游客访澳市场出现另一个旅游高峰期。

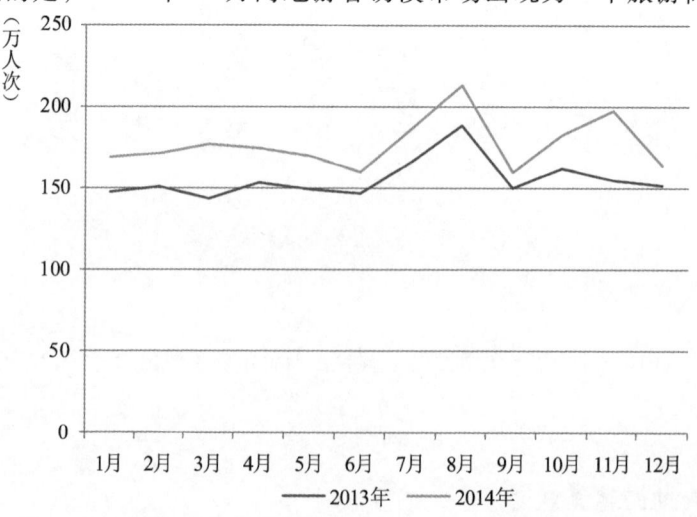

图 3-32　2013 年和 2014 年 1~11 月中国内地赴澳门游客量变化示意图

数据来源：根据澳门旅游局官方网站整理。

(2) 陆路交通是内地游客访澳的主要交通方式。其中，相比去年，2013年更多的内地游客选择空路交通方式。

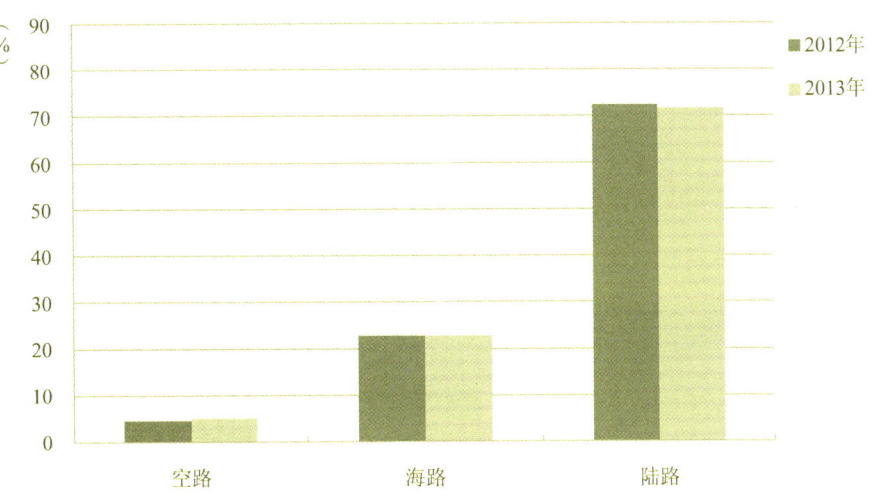

图3-33　2012年和2013年中国内地游客赴澳门旅游交通方式情况

数据来源：根据澳门旅游局官方网站整理。

（二）内地访澳门游客人口特征统计

约四分之一的内地访澳游客为公营或私人机构领导或管理人员，占比最高。其余依次为专业人员、文员及服务、销售及同类工人作人员。

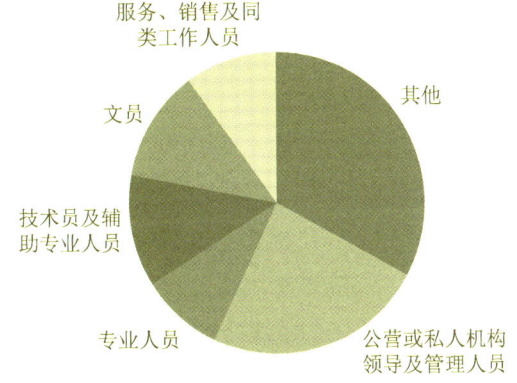

图3-34　2013年中国内地赴澳门游客职业分布

数据来源：根据澳门旅游局官方网站整理。

(三) 内地游客访港消费决策特征

度假仍是内地游客赴澳门旅游的主要目的,此项比例为66%,与2012年相比该项比重略有增加;以探亲访友和博彩为目的访澳的游客比例较去年均略有下降。

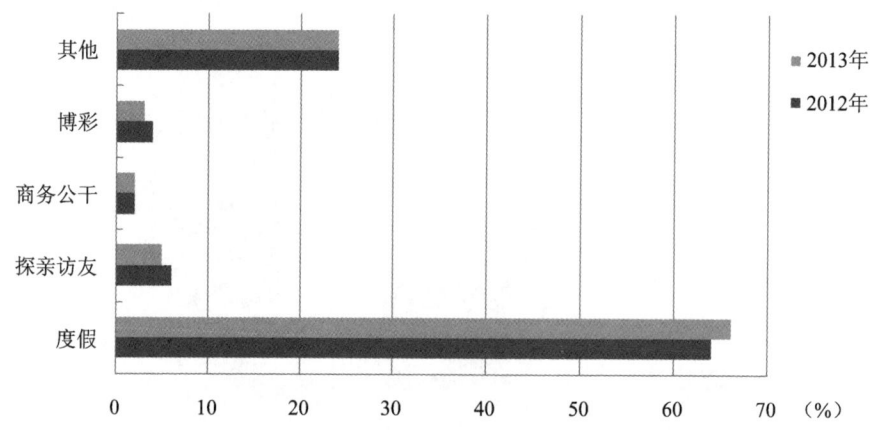

图3-35 2012年和2013年中国内地游客赴澳门旅游目的分布

数据来源:根据澳门旅游局官方网站整理。

(四) 内地游客消费结构特征

(1) 内地游客赴澳主要选择高星级酒店入住。相比2012年,2013年选择五星级酒店的内地游客显著增加,超过一半以上的内地游客选择五星级酒店住宿。

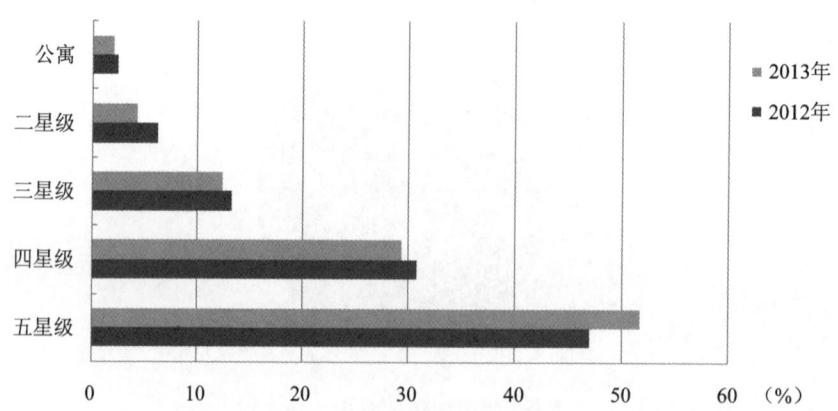

图3-36 2012和2013年内地游客赴澳门旅游期间的住宿情况

数据来源:根据澳门旅游局官方网站整理。

(2) 总体来看,2013年内地赴澳游客入住各星级酒店平均停留时间与

2012 年相比变化不大。

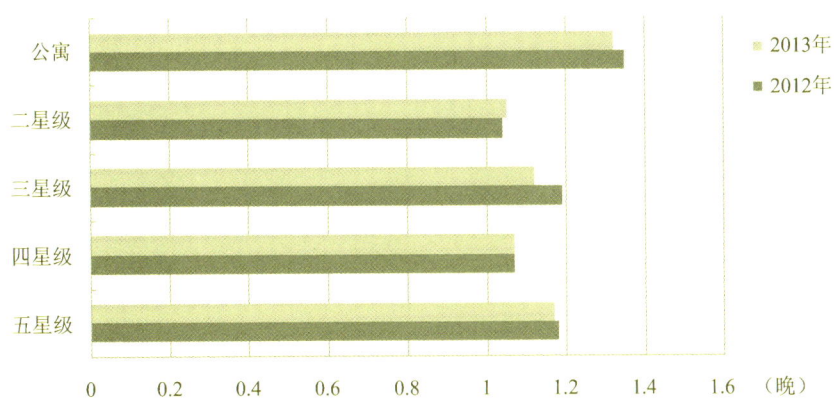

图 3-37　2012 年和 2013 年内地游客赴澳门
旅游期间入住酒店平均停留时间

数据来源：根据澳门旅游局官方网站整理。

（3）2013 年内地赴澳游客的消费能力有所提高，购物消费依然是主要消费项目，但非购物消费的比重有所上升。

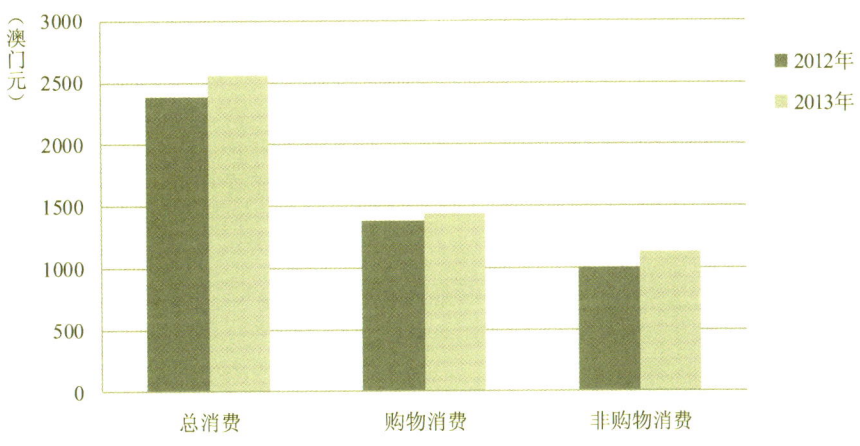

图 3-38　2012 年和 2013 年中国内地游客在澳门
旅游人均消费总体情况

数据来源：根据澳门旅游局官方网站整理。

（4）珠宝/手表、成衣等仍是内地游客在澳门的主要购物项目。

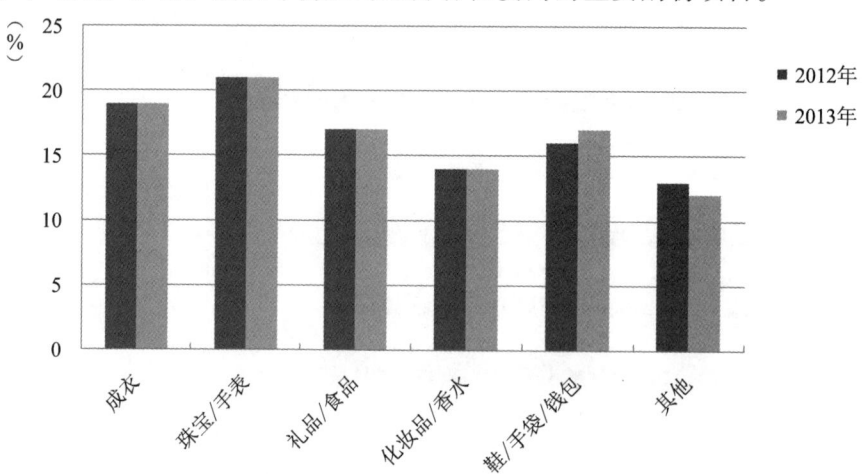

图 3-39　2012 年和 2013 年中国内地游客在澳门购物消费情况

数据来源：根据澳门旅游局官方网站整理。

（5）住宿费和餐饮费占赴澳门游客非购物消费的八成以上。

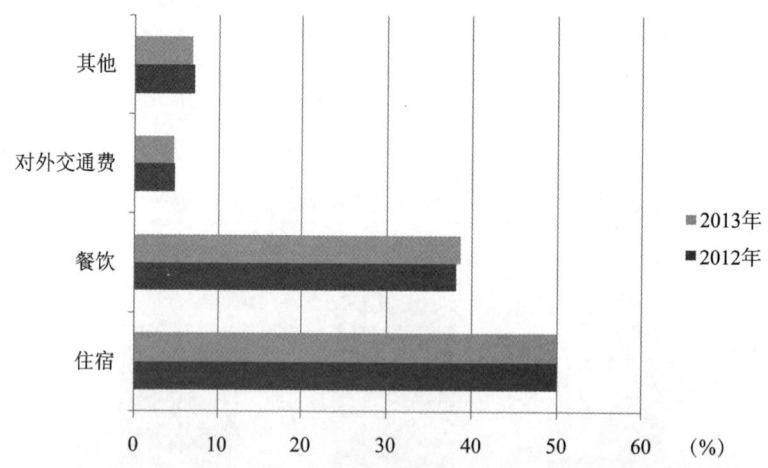

图 3-40　2012 年和 2013 年中国内地游客在澳门单项消费情况

数据来源：根据澳门旅游局官方网站整理。

（6）除观光景点外，内地游客对澳门旅游各项服务的评价普遍较高。

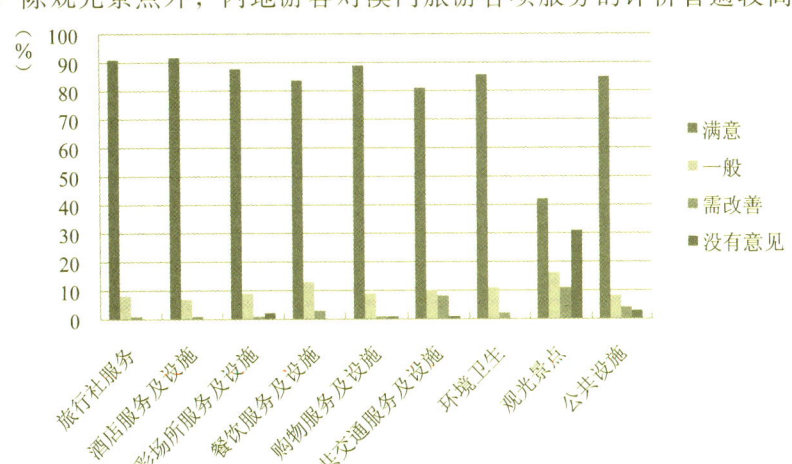

图3-41 2013年中国内地游客对澳门旅游相关项目的评价

数据来源：根据澳门旅游局官方网站整理。

三、中国台湾

（一）大陆游客统计信息

2013年与2014年大陆赴台游客保持较大幅度地稳步增长。其中，每年的4月份依然是赴台旅游的高峰期。

图3-42 2013年与2014年中国大陆赴台湾游客量变化示意图

数据来源：根据台湾相关部门资料整理。

（二）大陆游客人口特征统计

2014年，大陆赴台湾旅游者中39.9%为男性，60.1%为女性。相比去年，女性游客的比重有所增加。

（三）大陆游客赴台消费特征

（1）观光依然是中国大陆游客访台的主要目的。相比2012年，更多的大陆游客以医疗为旅游目的，同比增加1.1个百分点。

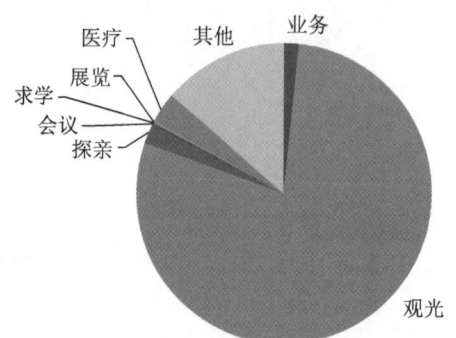

图3-43　2013年中国大陆赴台湾旅游目的分布

资料来源：根据台湾相关部门资料整理。

（2）消费水平略有下降。2013年赴台湾旅游大陆游客平均每人每天消费259.64美元，与2012年同期（265.26美元）相比下降2.12%。

（3）购物消费所占比重最大，但同2012年相比，2013年大陆赴台游客购物花费降低了6.8个百分点。

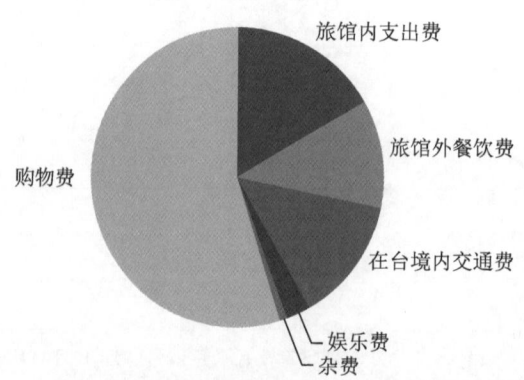

图3-44　2013年中国大陆赴台湾游客旅游消费结构

资料来源：根据台湾相关部门资料整理。

(4)珠宝、特产、化妆品等为大陆游客在台湾的主要购物项目。

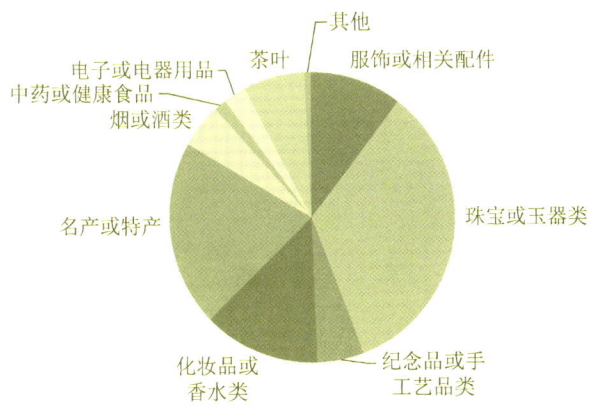

图 3-45　2013 年中国大陆团队游客在台湾单项购物消费情况

资料来源：根据台湾相关部门资料整理。

四、日本

(一)内地游客统计信息

1. 日本旅游市场步入高速恢复期

2014 年，中国内地赴日本旅游人次达 693 万人次，同比增长高达 74.44%，中国内地赴日本旅游市场已经稳步恢复。

2. 从季度数据来看，中国内地居民赴日本旅游没有明显的季节性

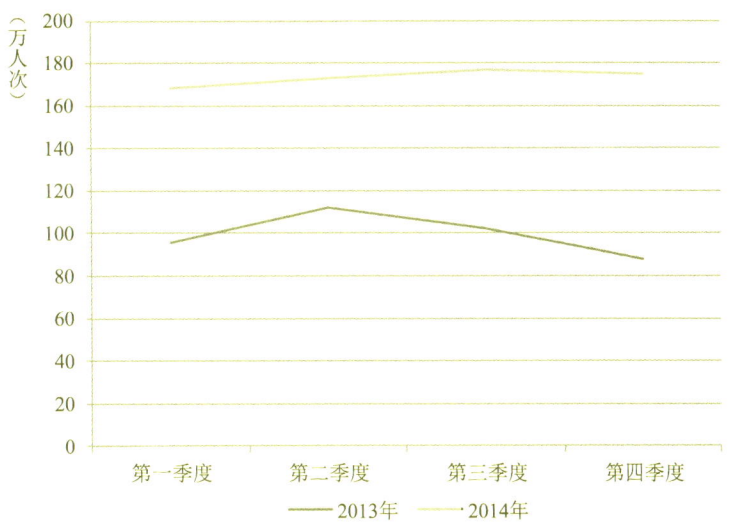

图 3-46　2013 年和 2014 年中国内地居民赴日本旅游人次及变化情况

资料来源：日本政府观光局。

（二）内地游客消费决策影响因素

根据2014年全年统计数据，半数以上赴日中国游客是首次赴日旅游。

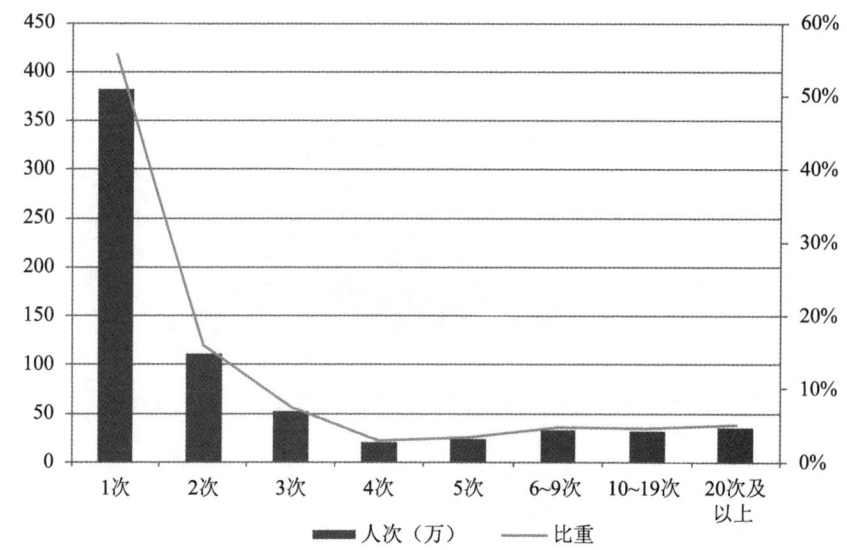

图3-47　2014年中国内地游客访日次数分布

资料来源：日本政府观光局。

（三）中国内地游客消费决策特征

（1）大多数游客选择与家人、同事结伴或者独自旅行。

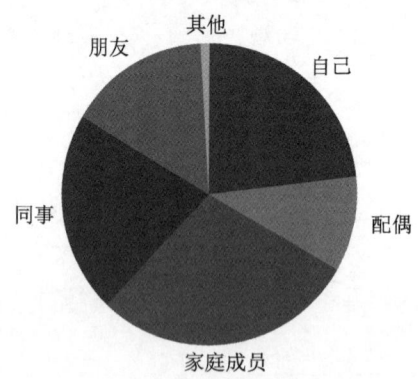

图3-48　2014年中国内地游客访日结伴方式分布

资料来源：日本政府观光局。

（2）2014年全年，35.6%的内地赴日游客采用跟团方式，55.9%自行安排出游,剩余 8.5% 的内地游客购买报价旅游产品。

(3) 购物是内地赴日游的主要消费项目,占内地游客总花费的四成。

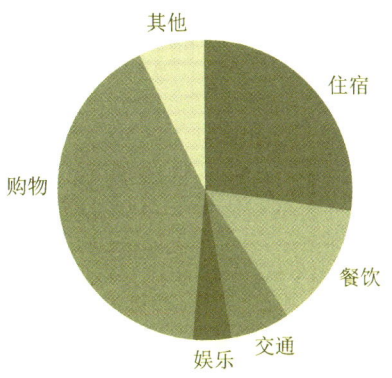

图 3-49 2014 年中国内地游客访日旅游消费项目分布

资料来源:日本政府观光局。

(4) 超过一半的内地游客赴日旅游的主要目的是旅游休闲。

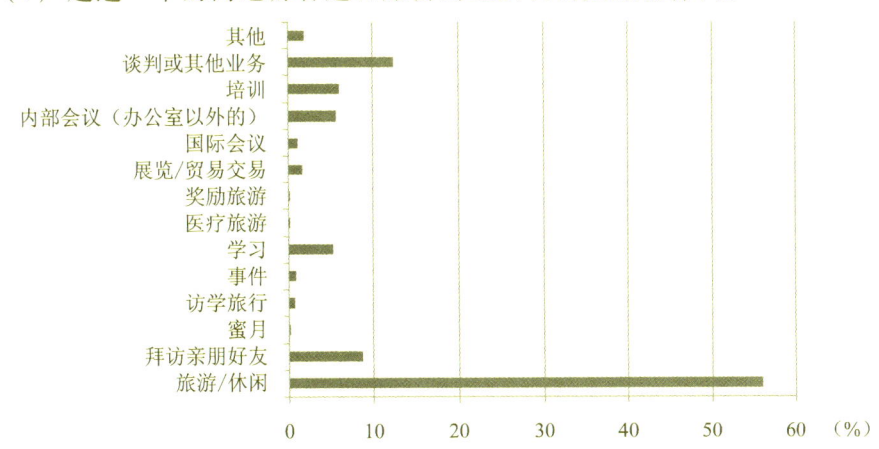

图 3-50 2014 年中国内地游客访日目的分布

资料来源:日本政府观光局。

107

（5）西方风格的酒店为多数访日游客的住宿选择。

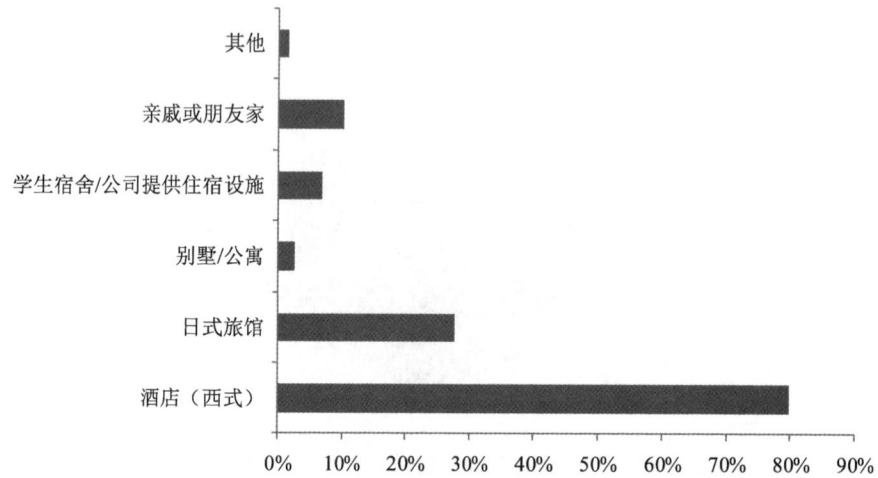

图3-51　2014年中国内地访日游客住宿类型分布（此项为多选题）

资料来源：日本政府观光局。

（6）大部分赴日游客停留4~13天。

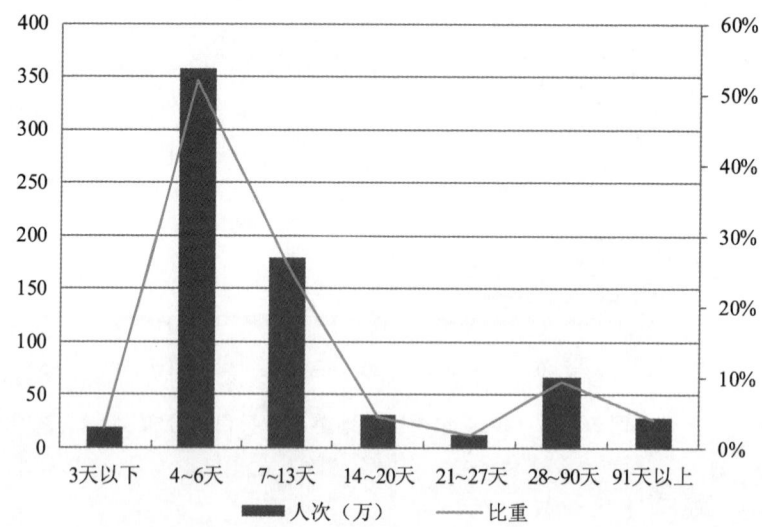

图3-52　2014年中国内地访日游客停留时间长度分布

资料来源：日本政府观光局。

（7）艺术馆/博物馆、饮食、购物、自然景观等最吸引内地游客。

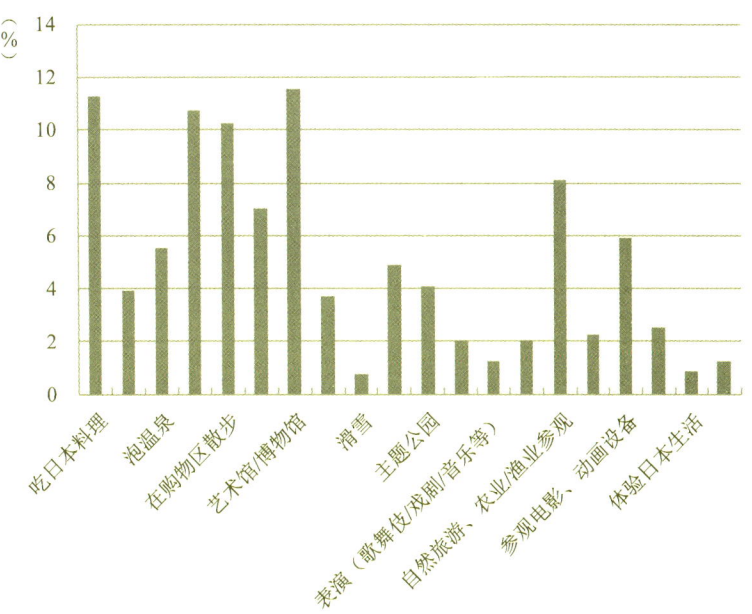

图 3-53　2014 年中国内地访日游客消费偏好分布

资料来源：日本政府观光局。

（四）中国内地游客赴日满意度分析

（1）内地游客赴日旅游总体满意度高。

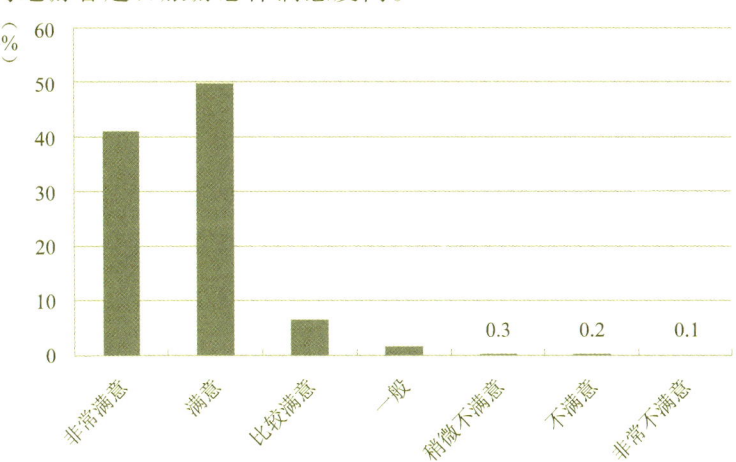

图 3-54　2014 年中国内地游客访日总体满意度分布

资料来源：日本政府观光局。

（2）中国内地游客再次赴日旅游意愿强。

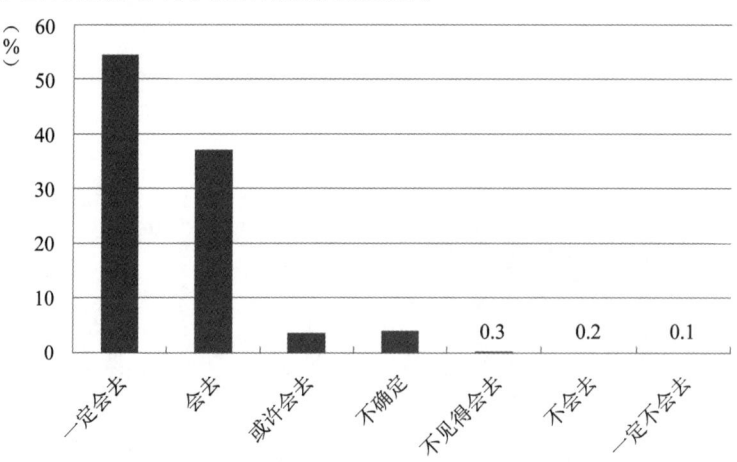

图 3－55　2014 年中国内地游客再次访日旅游意愿分布

资料来源：日本政府观光局。

五、澳大利亚

（一）中国内地游客统计信息

1 月和 2 月以及 7 月和 8 月为中国内地赴澳大利亚旅游的高峰期。

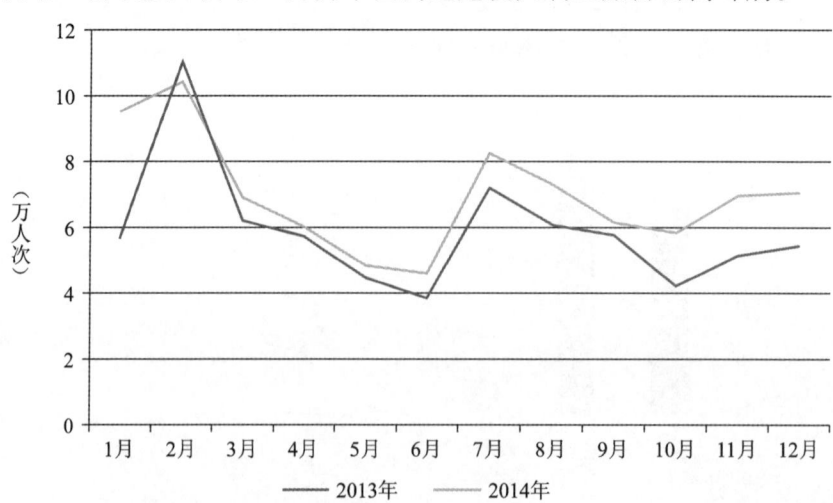

图 3－56　2013 年和 2014 年中国内地赴澳大利亚游客量变化示意图

资料来源：澳大利亚国家旅游局。

(二) 中国内地游客人文统计特征

2014年5月澳大利亚旅游局发布的调查结果显示，中国内地赴澳大利亚的游客中，男性游客占46%，女性游客占54%。八成以上的中国内地赴澳大利亚游客为25~44岁，以年轻游客为主体。

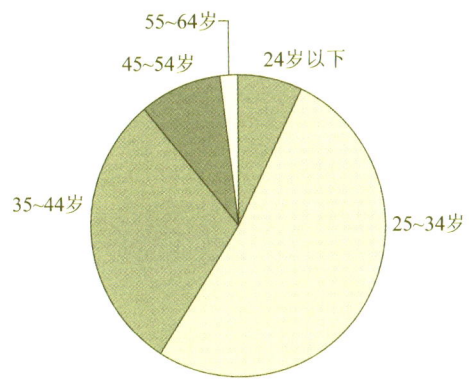

图3-57　2014年中国内地赴澳大利亚旅游年龄分布

资料来源：澳大利亚国家旅游局

(三) 中国内地游客消费特征

(1) 首次赴澳旅游的中国内地游客占一半以上。2013年9月至2014年9月，47%的中国内地游客是两次及两次以上访问澳大利亚，第一次访问澳大利亚的中国内地游客占比53%。

(2) 中国内地依然是澳大利亚最大的入境消费市场。2013年9月至2014年9月，中国内地游客在澳大利亚的消费为54.16亿澳元，同比增长15.8%，占澳大利亚入境总消费的17.6%，是澳大利亚最大的入境消费市场。期间，中国内地游客平均停留44晚，每晚的平均花费为173澳元，同比增长8.2%。

(3) 中国内地游客在澳大利亚的花费主要用于餐饮、教育、团费和购物。

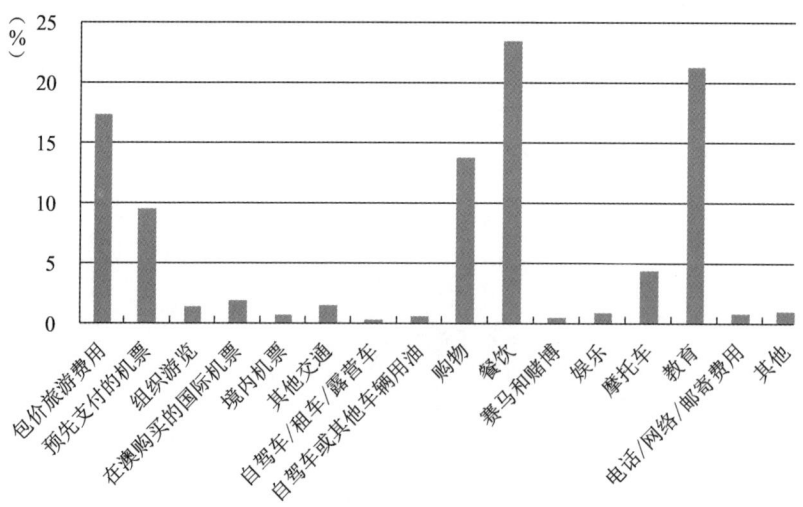

图 3-58　2013 年 9 月至 2014 年 9 月中国内地游客赴澳大利亚消费分布

资料来源：澳大利亚国家旅游局。

（四）中国内地游客赴澳旅游满意度分析

1. 内地游客赴澳旅游总体满意度及推荐意愿

根据澳大利亚旅游局 2014 年 1 月发布的中国游客满意度报告，大部分中国内地游客对澳大利亚旅游的整体满意度打分较高（0~10 分制，其中，0 为非常不满意，10 为非常满意），90%的游客打分在 7 分以上。在问及是否会向亲朋好友推荐澳大利亚时，45%的中国内地游客表示非常愿意。

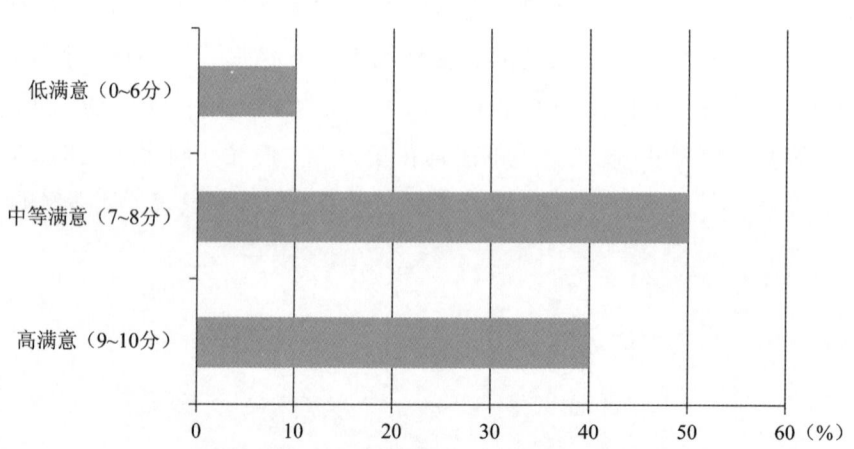

图 3-59　中国内地游客访澳总体满意度分布

资料来源：澳大利亚国家旅游局。

2. 中国内地游客对澳大利亚旅游的具体满意度评价

中国游客对在澳旅游安全（96%）和当地居民好客度（94%）的满意度（"非常满意"和"满意"加总）最高，依次是旅游吸引物（77%）、品酒体验（72%）、餐饮（69%）。中国游客对赴澳旅行的物有所值（57%）及购物（51%）的满意度评价相对较低。

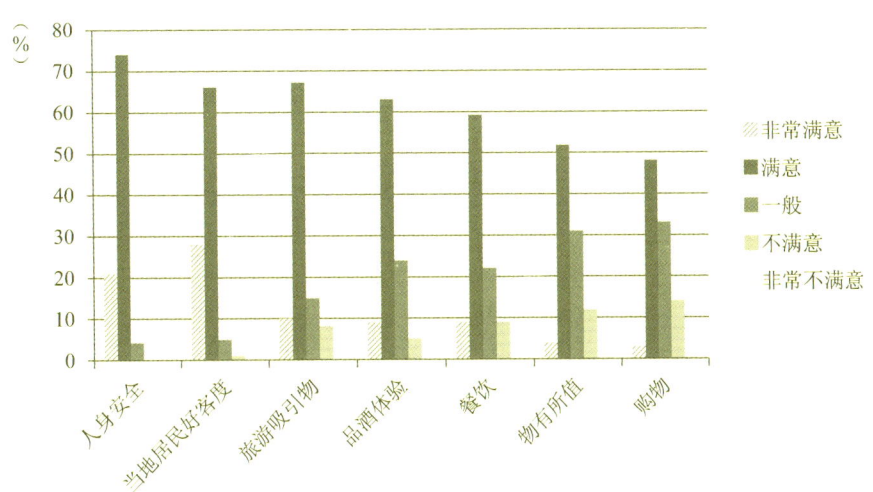

图 3-60　中国内地游客对澳大利亚旅游满意度具体评价

资料来源：澳大利亚国家旅游局。

六、美国

（一）中国内地游客统计信息

2014 年中国内地赴美旅游人数为 191.9 万人次，同比增长 21.5%。总体来看，中国游客赴美旅游规模不断扩大，虽然近几年的增长速度有所放缓。

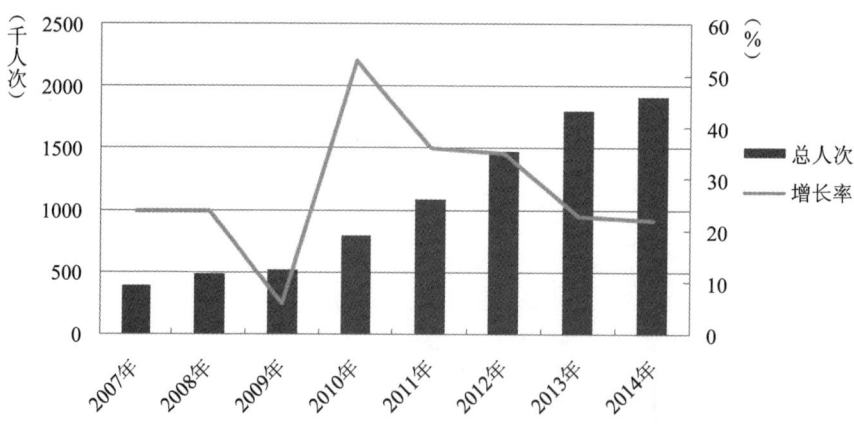

图 3-61 历年来中国内地赴美游客人数及增长率情况

资料来源：美国商务部旅行及旅游业办公室。

（二）中国内地游客人文统计特征

1. 性别

2014年，中国内地前往美国的游客性别比例中，男性占比51%，女性游客占比49%，女性游客比重略微增加（0.1%）。

2. 年龄

2014年，中国内地访美游客中，男性游客的平均年龄为36岁，女性游客的平均年龄为33岁，均低于美国入境游客整体的平均年龄（男性为41.2岁，女性为38.8岁）。

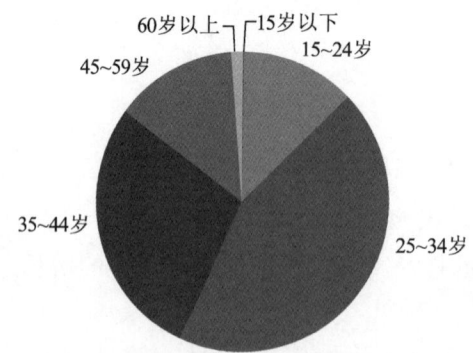

图 3-62 2013年中国内地赴美国游客年龄分布

资料来源：美国商务部旅行及旅游业办公室。

（三）中国内地游客消费决策影响因素

（1）休闲度假与探亲访友游客的比重略有增加。

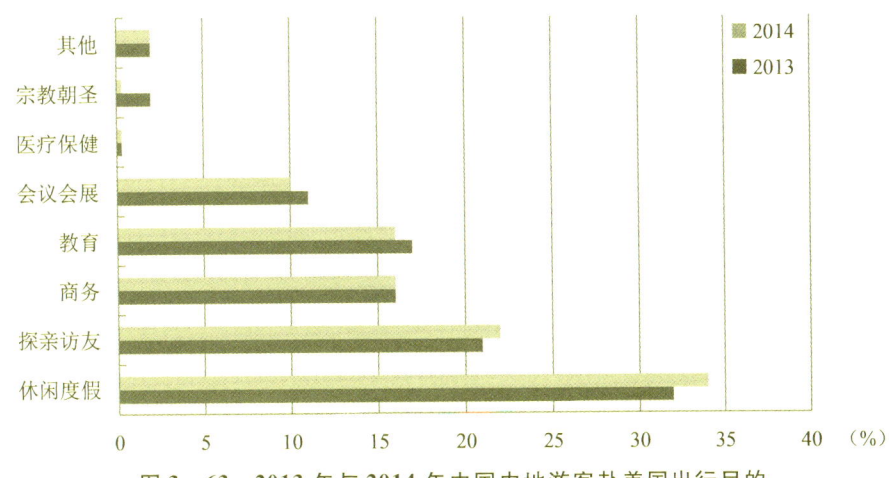

图 3-63 2013 年与 2014 年中国内地游客赴美国出行目的

资料来源：美国商务部旅行及旅游业办公室。

（2）首次赴美游客仍占多数。从 2014 年调查统计数据来看，第一次访美游客的比例为 41%，比 2013 年下降 4 个百分点。两次或两次以上访美游客的比重进一步增加。

（四）中国内地游客消费决策特征

（1）购物与城市观光为中国内地游客赴美主要旅游项目。

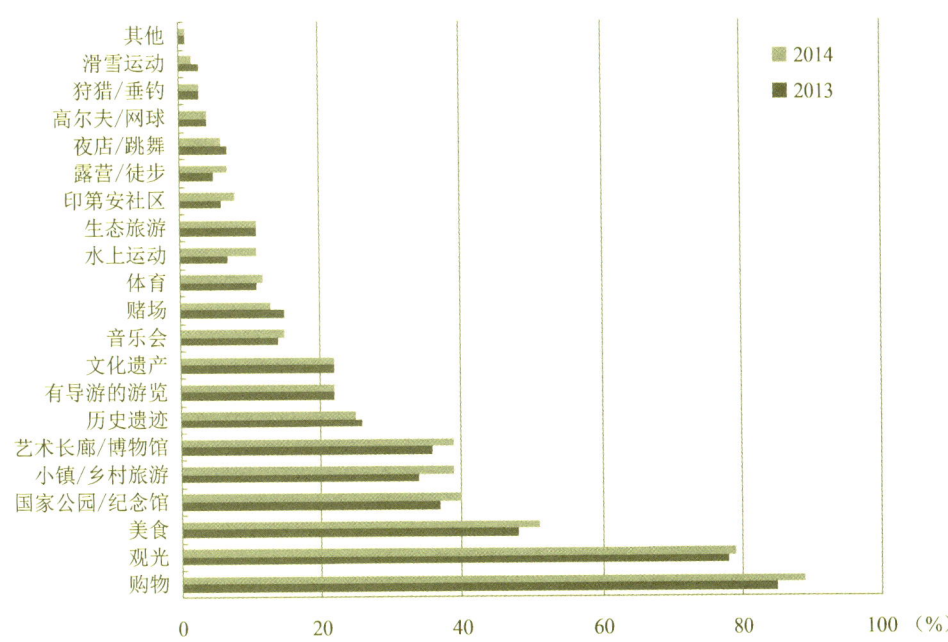

图 3-64 2013 年与 2014 年中国内地游客赴美国旅游项目选择（此项为多选题）

资料来源：美国商务部旅行及旅游业办公室。

（2）通过航空公司获得旅游信息的游客人数略微增加。

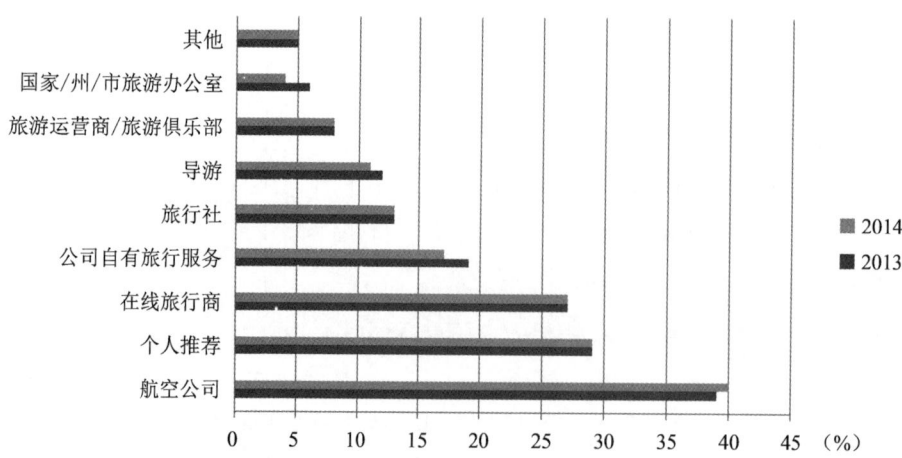

图3-65 2013年与2014年中国内地游客赴美国信息来源分布（此项为多选题）

资料来源：美国商务部旅行及旅游业办公室。

（3）使用公司/私人汽车及租车的游客有所增加。

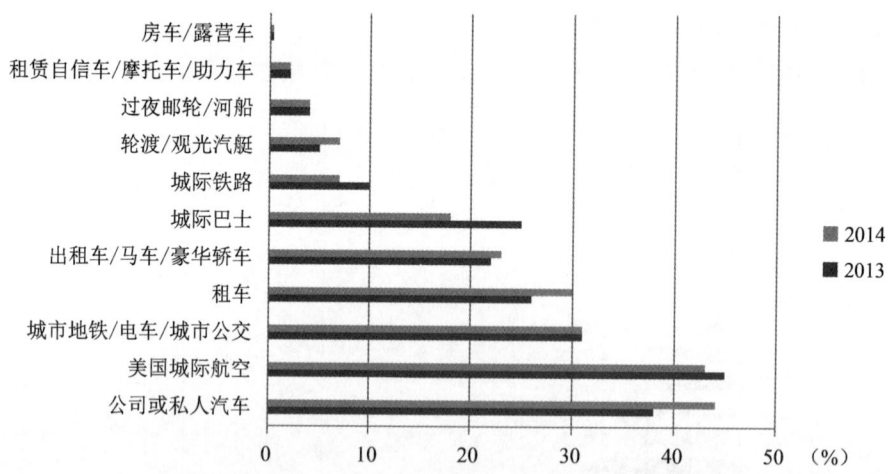

图3-66 2013年与2014年中国内地游客赴美旅游
在美国境内交通工具使用情况（此项为多选题）

资料来源：美国商务部旅行及旅游业办公室。

七、加拿大

（一）中国内地游客统计信息

7、8月份是中国内地游客赴加拿大旅游的高峰期。

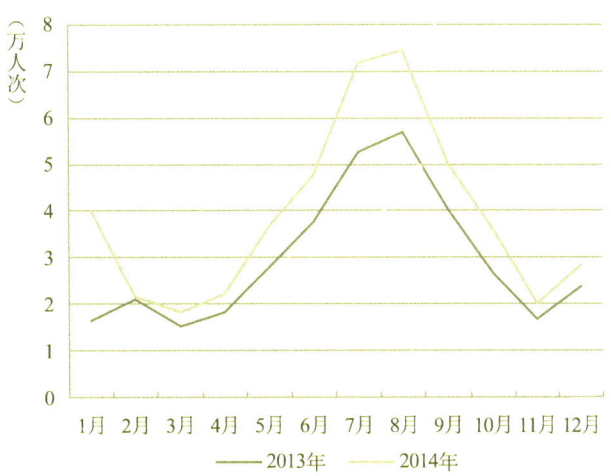

图 3-67　2013 年和 2014 年中国内地赴加拿大游客量变化示意图

资料来源：加拿大旅游局。

（二）中国内地游客赴加拿大旅游的消费特征

加拿大旅游局在 2014 年 10 月对中国游客进行了网上调查，总样本为 2199 名中国潜在游客（年龄 18 岁以上、在过去三年内到有到访远距离旅游目的地的出境旅游经历），其中，336 名中国游客近期去过加拿大。以下分析均基于这一调查结果。

1. 住宿设施选择

在住宿设施选择方面，三成以上赴加拿大旅游的中国内地游客选择市区的奢华酒店。

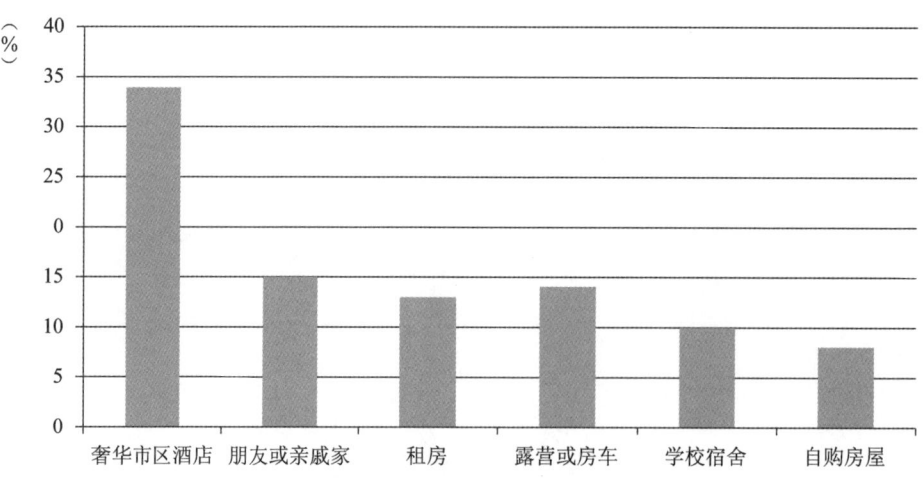

图 3-68　中国内地赴加拿大游客的主要住宿设施类型

资料来源：加拿大旅游局。

2．参与的主要旅游活动

各类观光活动是中国内地游客在加拿大旅游参与的主要旅游活动，包括城市观光、海洋生物观看及空中观光等。

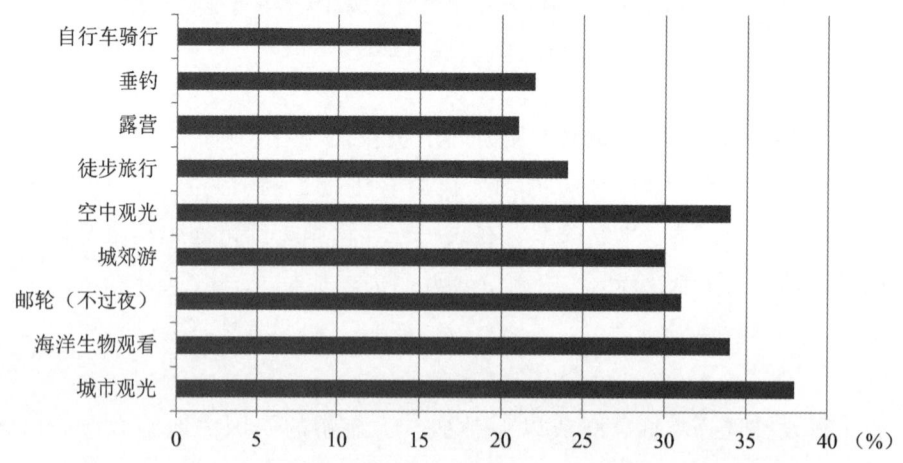

图 3-69　中国内地赴加拿大游客主要参与的旅游活动（此项为多选题）

资料来源：加拿大旅游局。

3．访问的主要旅游景区类型

中国内地游客到访的旅游景区主要为城市公园和娱乐/主题公园。

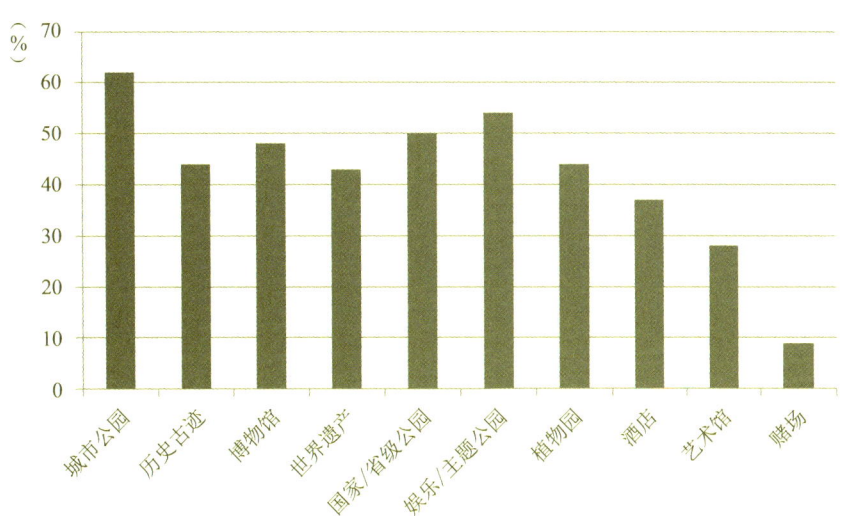

图 3-70 中国内地赴加拿大游客访问的主要旅游景区类型（此项为多选题）

资料来源：加拿大旅游局。

4. 中国内地游客偏爱的旅游活动（体验）

超过 7 成的中国内地游客最为偏爱品尝加拿大当地的美食。

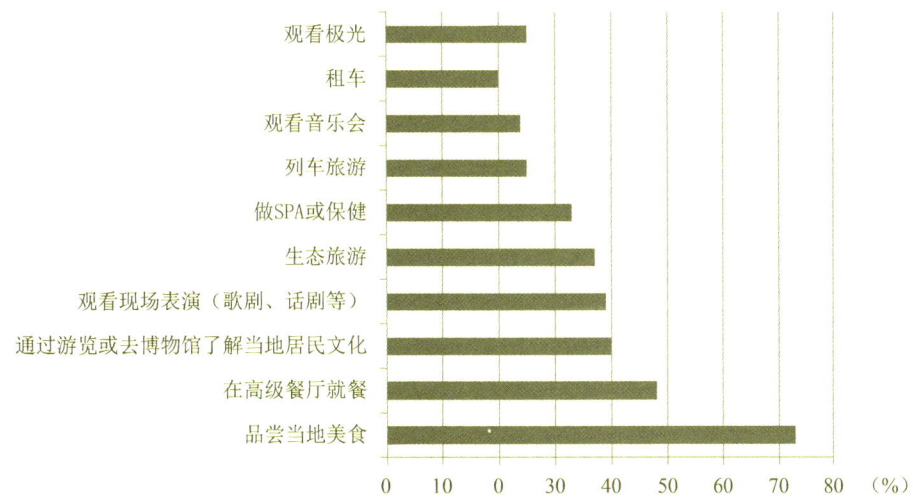

图 3-71 中国内地游客偏爱的旅游活动（体验）（此项为多选题）

资料来源：加拿大旅游局。

八、南非

(一) 中国游客（包括中国内地和中国香港）统计信息

2013 年，中国内地和中国香港赴南非旅游总人次为 15.18 万，较 2012 年同期增长 14.7%。从 2012 年和 2013 年月度数据来看，春节和暑假是中国游客赴南非旅游的高峰时期。

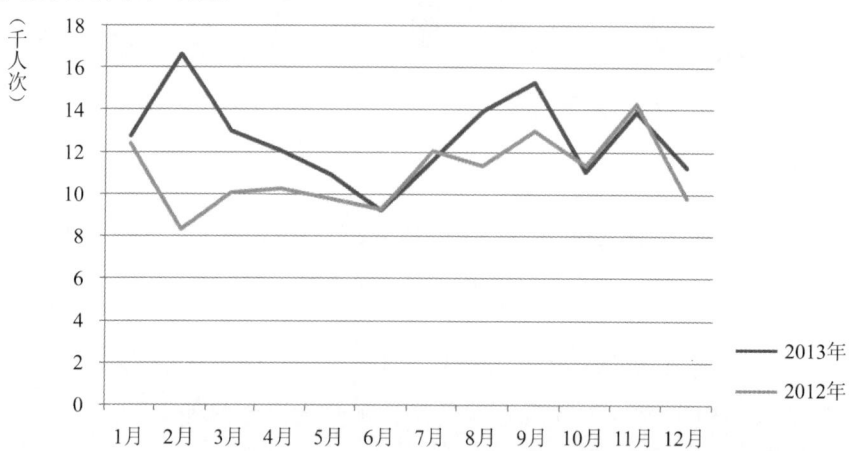

图 3-72　2012 年和 2013 年中国游客赴南非游客量变化示意图

资料来源：南非国家旅游局。

(二) 中国游客人文统计特征

赴南非旅游的中国游客多为中青年。

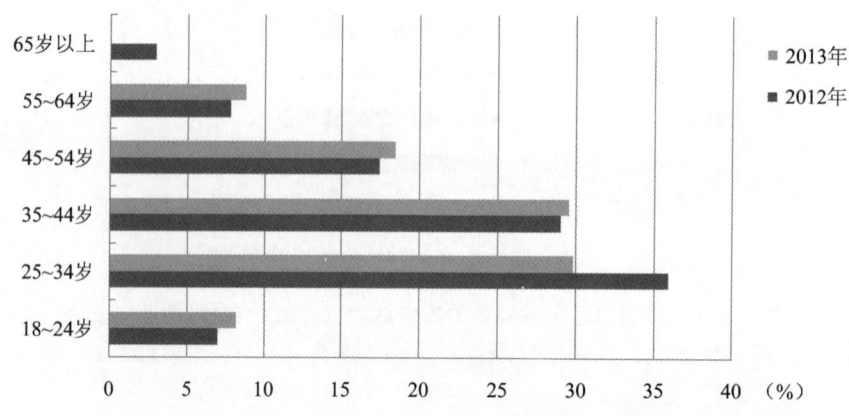

图 3-73　2012 年和 2013 年中国赴南非旅游者年龄分布

资料来源：南非国家旅游局。

(三) 中国游客消费决策因素

(1) 与 2012 年相比，2013 年更多的中国游客以休闲度假为旅游目的。

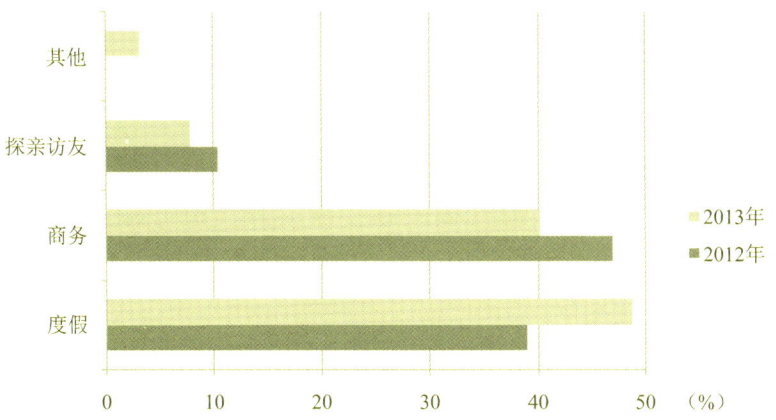

图 3-74　2012 年和 2013 年中国赴南非游客访问目的分布情况

资料来源：南非国家旅游局。

(2) 2013 年七成中国游客是首次赴南非旅游。

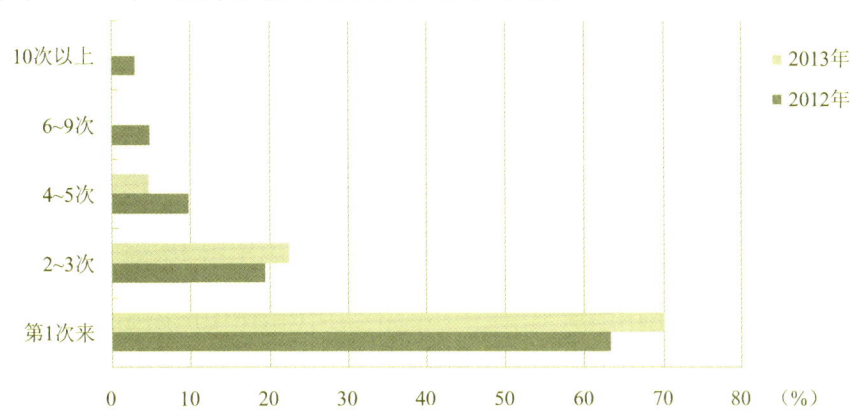

图 3-75　2012 年和 2013 年中国赴南非游客访问次数分布情况

资料来源：南非国家旅游局。

(四) 中国游客消费特征

(1) 购物与夜间活动是中国游客赴南非参与较多的旅游项目。

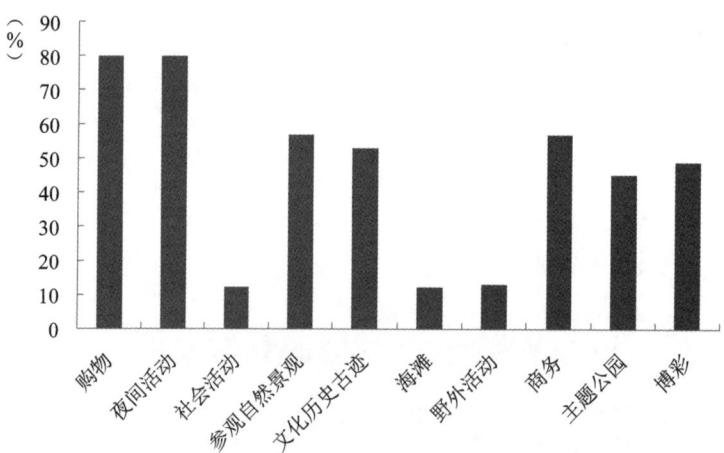

图 3-76　2013 年中国游客在南非旅游活动安排情况（此项为多选题）

资料来源：南非国家旅游局。

（2）停留时间多为两周左右。2013 年中国游客在南非平均停留时间为 9.2 天，相比前两年，平均停留时间缩短。

（3）2013 年西开普省超越豪登省成为中国游客赴南非的首要旅游地区。

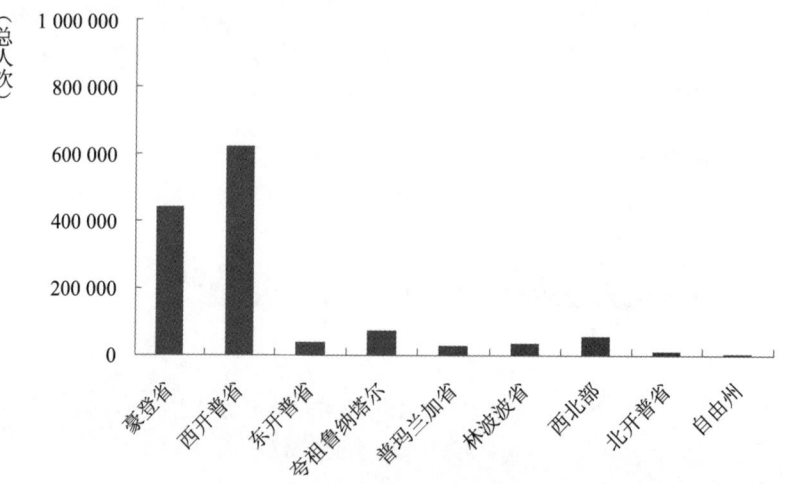

图 3-77　2013 年中国内地游客在南非各省的分布情况

资料来源：南非国家旅游局。

第四章

目的地满意状况

第一节　总体状况

2009—2012 年，中国旅游研究院对中国游客出境游目的地满意度进行随机的小样本调查。2013 年开始，受国家旅游局的委托，对 24 个主要目的地国家出境游客满意度进行专项调研和目的地国家的满意度排名。2014 年课题组在重要旅游集散地对我国出境游客开展关于境外城市形象、综合环境、公共服务和窗口服务等满意度的现场问卷调查工作，按季度在各专业旅游网站、旅游预订网站、旅游企业网站、旅游博客、贴吧等收集该季度涉及样本城市整体、旅游价格、综合环境、公共服务和各涉旅行业服务的相关游客评论。2014 年全年共收集有效现场问卷数量 16 000 余份，网络评论数量 90 000 余条。其中，问卷调查分析部分采用 10 分制，游客满意度测算与网络评论分析部分采用 100 分制。

一、2014 年中国公民出国旅游满意度总体情况

2014 年，中国出国游客总体上"基本满意"。中国出国游客满意度各季度都持续稳定在 75 分以上的"基本满意"水平，无论是游客在现场的访谈还是游客在网络上的评论都能够达到 75 分以上的水平。

然而，2014 年第一至四季度中国公民出国旅游满意度呈有所下降趋势，分别为 78.92、76.48、76.98 和 76.20。从满意度指数构成看，游客的现场满意度指数为 76.29，游客的评论满意度指数为 79.58。

全年有抱怨和投诉情绪的游客比例有所下降，分别仅为 13.19%、2.20%。游客对投诉处理的平均满意程度与 2013 年相比有较大幅度下降，仅有 69.61。主要反映在第四季度的投诉处理满意度有大幅下降，仅为 64.42。

第四章 目的地满意状况
Chapter Four Satisfaction Analysis of Major Destinations

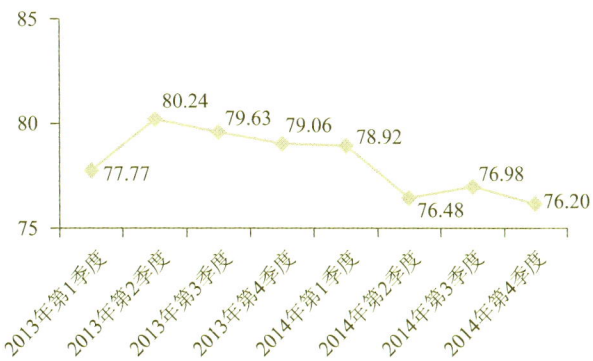

图 4-1 2013—2014 年中国公民出国旅游满意度

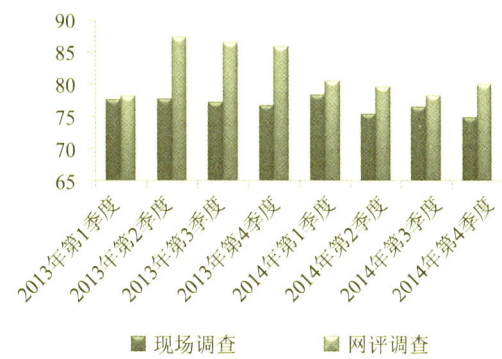

图 4-2 现场问卷、网络评论满意度

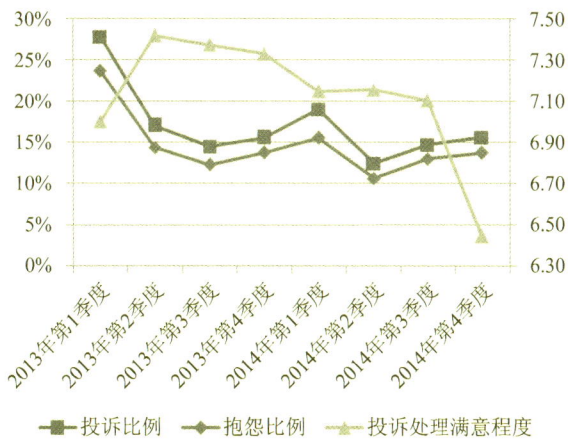

图 4-3 中国公民出国旅游抱怨、投诉比例和投诉处理满意度

二、2014 年中国公民出国旅游满意度影响因素

综合来看，中国游客对国外目的地的综合指标感受良好。2014 年我国公民对国外目的地的形象、城市建设、城市管理、公共服务、旅游行业服务的满意度指数分别为 81.33、80.42、79.37、79.97、79.48，处于"满意"水平上下。

从趋势看，2014 年我国游客对国外目的地形象、服务水平、服务质量的期望趋于平稳，但目的地国家的形象、城市建设、城市管理、公共服务、行业服务等方面以及国外目的地的总体旅游服务质量、满意程度略有下降。全年游客对目的地国家城市管理评价的下降幅度最大。

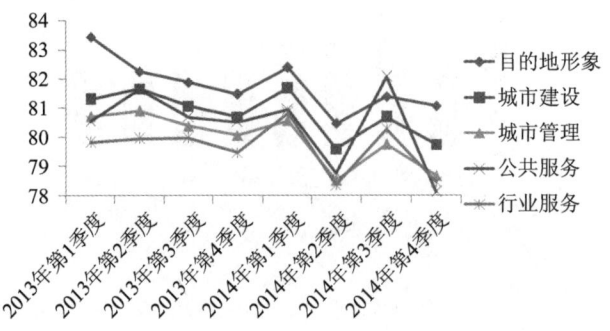

图 4-4　2013—2014 年中国公民出国旅游满意度影响因素

从群体看，主要体现在自主、自助、自游的这一部分青年群体游客评价有所下降。从游客综合反映的情况来看，游客最为期待的还是中文服务、安全感等方面的大幅改善和旅游投诉满意度的有效提升，包括中文旅游指南、酒店中餐厅、中文电视节目、中文网站、中文客房等服务和中国银联、支付宝设施都是游客需求频率比较高的。

第二节　目的地满意度状况

2014 年 24 个样本国家中有 17 个达到 75 分以上的"基本满意"水平，样本国家游客满意度从高到低依次是：新西兰 80.55、新加坡 80.24、美国 80.11、加

拿大 79.99、澳大利亚 79.53、意大利 79.31、英国 79.16、法国 78.72、日本 78.54、西班牙 78.22、泰国 78.21、韩国 77.77、德国 77.46、马来西亚 76.68、印度尼西亚 76.18、俄罗斯 75.44、菲律宾 75.25、南非 74.84、阿根廷 74.75、柬埔寨 74.64、巴西 74.38、印度 72.88、越南 72.71、蒙古 72.25。

2014 年仅有美国、泰国的游客满意度指数与 2013 年持平，其余 24 个境外目的地国家的游客满意度指数得分都有较大幅度下降，其中，阿根廷、南非、巴西、德国、法国、西班牙的指数下降幅度较大。新西兰、新加坡、加拿大、澳大利亚等国家的游客满意度排名稳定在前列。

总体看来，24 个样本国家的游客满意度得分和排名都是比较稳定的，这也与各个国家的综合国力密切相关，我们将游客满意度得分和人均 GDP 这两个指标进行综合分析后发现，人均 GDP 处于 2 万美元的这些国家，其游客满意度指数得分平均都处于 78 分以上的水平，包括加拿大、新西兰、新加坡、法国、英国、澳大利亚、美国、西班牙、意大利、日本、德国、韩国，人均 GDP 较低国家的游客满意度指数水平也不高，包括阿根廷、南非、马来西亚、俄罗斯、菲律宾、巴西、印尼、柬埔寨、越南、印度、蒙古。此外，还有一个表现非常特殊的国家，泰国尽管人均 GDP 水平不高，但其游客满意度指数排名一直相对靠前，表明中国游客对泰国的旅游服务体验满意程度远远超过了对其国家综合基础设施的评价。

一、满意水平

（一）新西兰

1. 游客满意度得分及排名

全年到访新西兰的中国公民游客满意度为 80.55，在 24 个抽样国家中排名第 1。

2. 问卷调查分析

新西兰问卷满意度平均得分为 8.18 分，比总体平均分 7.93 分高 0.25 分，在被调查的 27 个国家中排第 6 名（与英国并列）；得分最高的三项是美丽程度、自然生态和空气质量，得分分别为 8.58、8.56 和 8.55；得分最低的三项是旅游价格，工业旅游和中文标识、信息和服务，得分分别为 7.80、7.80 和 7.58。

表4-1 问卷调查满意度

序号	指标	2014全年	序号	指标	2014全年
1	旅游价格	7.80	2	性价比	7.95
3	现代化程度	8.24	4	美丽程度	8.58
5	知名度	8.36	6	信息化程度	8.19
7	城市规划	8.21	8	卫生设施	8.35
9	无障碍设施	8.19	10	旧城和历史建筑保护	8.23
11	空气质量	8.55	12	自然生态	8.56
13	园林绿化	8.54	14	便利感	8.26
15	安全感	8.16	16	市容市貌	8.32
17	施工管理	7.92	18	市民形象和行为	8.25
19	文化氛围	8.24	20	民俗特色	8.26
21	供水和水质	8.23	22	供电	8.40
23	手机信号覆盖	8.24	24	互联网覆盖	8.26
25	农业现代化	8.06	26	工业旅游	7.80
27	银行刷卡便利性	8.31	28	城市公交	8.07
29	出租车	8.06	30	长途客运	7.99
31	自驾车	8.17	32	步行道和自行车道	8.25
33	机场	8.36	34	火车站	8.05
35	交通标识	8.10	36	餐饮	8.21
37	住宿	8.26	38	购物	8.22
39	文化娱乐	8.07	40	景区景点	8.37
41	外方旅行社	7.93	42	外方导游	7.94
43	旅游产品和服务质量	8.09	44	收据具备及正规度	8.16
45	旅游公共服务	8.14	46	标准化程度	8.07
47	中文标识、信息和服务	7.58	48	使领馆签证服务	8.16
49	目的地国边检海关服务	8.14			

3. 网络评论分析

2014年新西兰评论调查的游客满意度指数为83.87，较境外游总体满意度平均值高 3.52。各单项满意度皆高于 75，其中，预订网络得分最高，为 91.72 分；满意度最低的是购物，为 75.81 分。

图 4-5　新西兰单个项目得分

（二）新加坡

1. 游客满意度得分及排名

全年到访新加坡的中国公民游客满意度为 80.24，全年在 24 个抽样国家中排名第 2。

2. 问卷调查分析

新加坡问卷满意度平均得分为 8.22 分，比总体平均分 7.93 分高 0.29 分，在被调查的 27 个国家中排第 2 名（与澳大利亚、意大利并列）；得分最高的三项是园林绿化、美丽程度和空气质量，得分分别为 8.55、8.54 和 8.48 分；得分最低的三项是工业旅游、旅游价格和性价比，得分分别为 7.76、7.76 和 7.80 分。

表 4-2　问卷调查满意度

序号	指标	2014 全年	序号	指标	2014 全年
1	旅游价格	7.76	2	性价比	7.80
3	现代化程度	8.47	4	美丽程度	8.54
5	知名度	8.45	6	信息化程度	8.34
7	城市规划	8.35	8	卫生设施	8.41

续表

序号	指标	2014 全年	序号	指标	2014 全年
9	无障碍设施	8.18	10	旧城和历史建筑保护	8.06
11	空气质量	8.48	12	自然生态	8.43
13	园林绿化	8.55	14	便利感	8.34
15	安全感	8.28	16	市容市貌	8.47
17	施工管理	8.03	18	市民形象和行为	8.29
19	文化氛围	8.27	20	民俗特色	8.18
21	供水和水质	8.18	22	供电	8.45
23	手机信号覆盖	8.38	24	互联网覆盖	8.43
25	农业现代化	7.83	26	工业旅游	7.76
27	银行刷卡便利性	8.46	28	城市公交	8.24
29	出租车	8.22	30	长途客运	8.01
31	自驾车	8.11	32	步行道和自行车道	8.23
33	机场	8.48	34	火车站	8.08
35	交通标识	8.18	36	餐饮	8.19
37	住宿	8.22	38	购物	8.26
39	文化娱乐	8.19	40	景区景点	8.36
41	外方旅行社	7.91	42	外方导游	7.91
43	旅游产品和服务质量	8.06	44	收据具备及正规度	8.14
45	旅游公共服务	8.08	46	标准化程度	8.09
47	中文标识、信息和服务	7.98	48	使领馆签证服务	8.31
49	目的地国边检海关服务	8.26			

3. 网络评论分析

2014 年新加坡旅游评论调查的游客综合满意度指数为 83.79 分，较境外游游客总体满意度平均值高 3.44。从各项指标来看，游客对新加坡旅游持满意态度，各项满意度指数均超过了 80。其中，满意度最高的为目的地形象和当地居民态度，满意度指数分别为 88.71 和 87.72；其次是预订网络和旅行社，满意度指数分别为 87.71 和 86.37，满意度指数最低的为休闲，数值为 80.73。游客普遍认为新加坡旅行秩序高于东南亚其他地区。

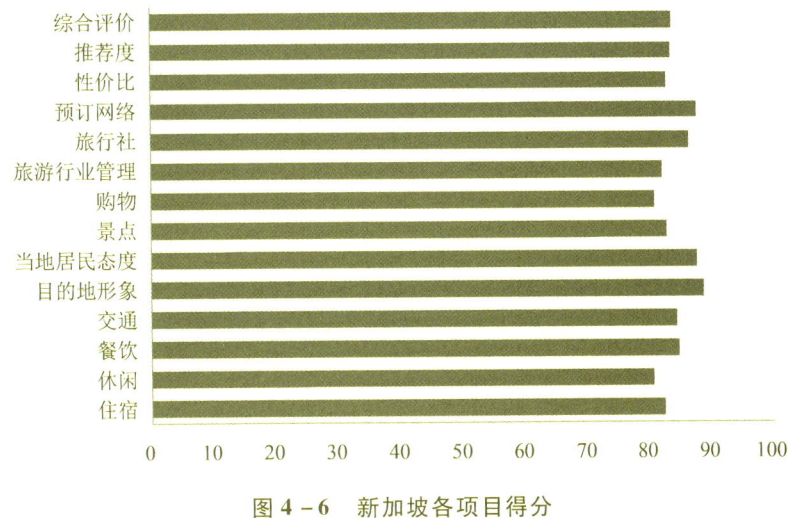

图 4-6　新加坡各项目得分

（三）美国

1. 游客满意度得分及排名

全年到访美国的中国公民游客满意度为 80.11，在 24 个抽样国家中排名第 3。

2. 问卷调查分析

美国问卷满意度平均得分为 8.25 分，比总体平均分 7.93 分高 0.32 分，在被调查的 27 个国家中排第 1 名；得分最高的三项是知名度、信息化程度和机场，得分分别为 8.77、8.63 和 8.62 分；得分最低的三项是性价比、旅游价格和中文标识、信息和服务，得分分别为 7.79、7.72 和 7.58 分。

表 4-3　问卷调查满意度

序号	指标	2014 全年	序号	指标	2014 全年
1	旅游价格	7.72	2	性价比	7.79
3	现代化程度	8.59	4	美丽程度	8.51
5	知名度	8.77	6	信息化程度	8.73

续表

序号	指标	2014全年	序号	指标	2014全年
7	城市规划	8.46	8	卫生设施	8.46
9	无障碍设施	8.26	10	旧城和历史建筑保护	8.18
11	空气质量	8.26	12	自然生态	8.27
13	园林绿化	8.38	14	便利感	8.38
15	安全感	8.00	16	市容市貌	8.28
17	施工管理	7.98	18	市民形象和行为	8.21
19	文化氛围	8.29	20	民俗特色	8.09
21	供水和水质	8.17	22	供电	8.47
23	手机信号覆盖	8.49	24	互联网覆盖	8.59
25	农业现代化	8.06	26	工业旅游	7.96
27	银行刷卡便利性	8.61	28	城市公交	8.29
29	出租车	8.26	30	长途客运	8.01
31	自驾车	8.27	32	步行道和自行车道	8.36
33	机场	8.62	34	火车站	8.15
35	交通标识	8.33	36	餐饮	8.18
37	住宿	8.23	38	购物	8.39
39	文化娱乐	8.23	40	景区景点	8.40
41	外方旅行社	7.99	42	外方导游	7.96
43	旅游产品和服务质量	8.11	44	收据具备及正规度	8.29
45	旅游公共服务	8.27	46	标准化程度	8.25
47	中文标识、信息和服务	7.58	48	使领馆签证服务	8.13
49	目的地国边检海关服务	8.21			

3. 网络评论分析

2014年第四季度美国评论调查的游客综合满意度指数为83.58分，较境外游总体满意度平均值高出3.23。各单项满意度均高于75，其中，旅行社、预订网络和目的地形象满意度是最高的三项，得分分别达到 88.25、87.93 和 87.92；满意度最低的是旅游行业管理，数值为 75.35 分。美国的基础设施建设、城市氛围、风土人情深受好评。

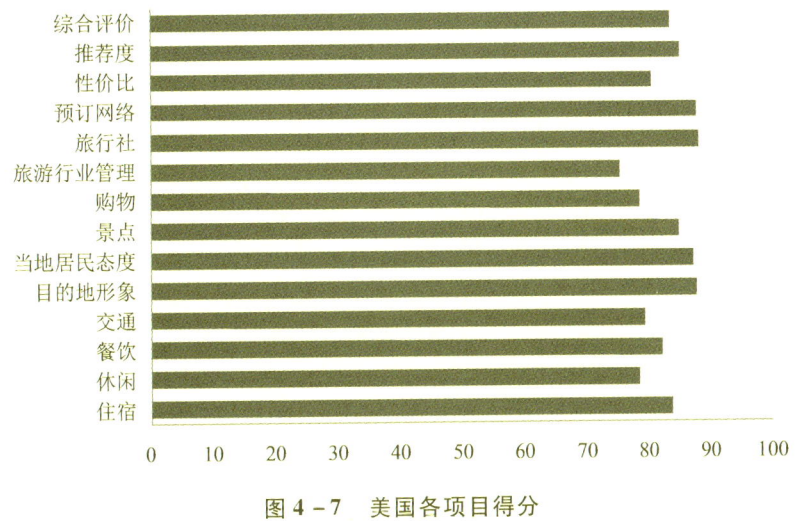

图 4-7　美国各项目得分

二、基本满意水平

（一）加拿大

1. 游客满意度得分及排名

全年到访加拿大的中国公民游客满意度为 79.99，在 24 个抽样国家中排名第 4。

2. 问卷调查分析

加拿大问卷满意度平均得分为 8.20 分，比总体平均分 7.93 分高 0.27 分，在被调查的 27 个国家中排第 5 名；得分最高的四项是美丽程度、自然生态、园林绿化和供电，得分分别为 8.56、8.49、8.48 和 8.48 分；得分最低的三项是旅游价格，性价比和中文标识、信息和服务，得分分别为 7.78、7.75 和 7.70 分。

表 4－4　问卷调查满意度

序号	指标	2014 全年	序号	指标	2014 全年
1	旅游价格	7.78	2	性价比	7.75
3	现代化程度	8.36	4	美丽程度	8.56
5	知名度	8.46	6	信息化程度	8.31
7	城市规划	8.28	8	卫生设施	8.43
9	无障碍设施	8.22	10	旧城和历史建筑保护	8.18
11	空气质量	8.46	12	自然生态	8.49
13	园林绿化	8.48	14	便利感	8.21
15	安全感	8.16	16	市容市貌	8.41
17	施工管理	7.96	18	市民形象和行为	8.30
19	文化氛围	8.27	20	民俗特色	8.23
21	供水和水质	8.24	22	供电	8.48
23	手机信号覆盖	8.37	24	互联网覆盖	8.47
25	农业现代化	8.02	26	工业旅游	7.86
27	银行刷卡便利性	8.38	28	城市公交	8.12
29	出租车	8.07	30	长途客运	7.97
31	自驾车	8.21	32	步行道和自行车道	8.31
33	机场	8.40	34	火车站	8.01
35	交通标识	8.17	36	餐饮	8.21
37	住宿	8.31	38	购物	8.22
39	文化娱乐	8.12	40	景区景点	8.37
41	外方旅行社	7.86	42	外方导游	7.89
43	旅游产品和服务质量	8.06	44	收据具备及正规度	8.22
45	旅游公共服务	8.16	46	标准化程度	8.15
47	中文标识、信息和服务	7.70	48	使领馆签证服务	8.17
49	目的地国边检海关服务	8.15			

3. 网络评论分析

2014年加拿大评论调查的游客综合满意度指数为81.31，较境外游总体满意度平均值高0.96分。其中，对旅行社和预订网络的满意度最高，满意度指数分别为88.12和87.81，对性价比的满意度最低，指数为72.82。游客对推荐度、购物、景点、当地居民态度、交通和餐饮比较满意，满意度指数均高于80.00。

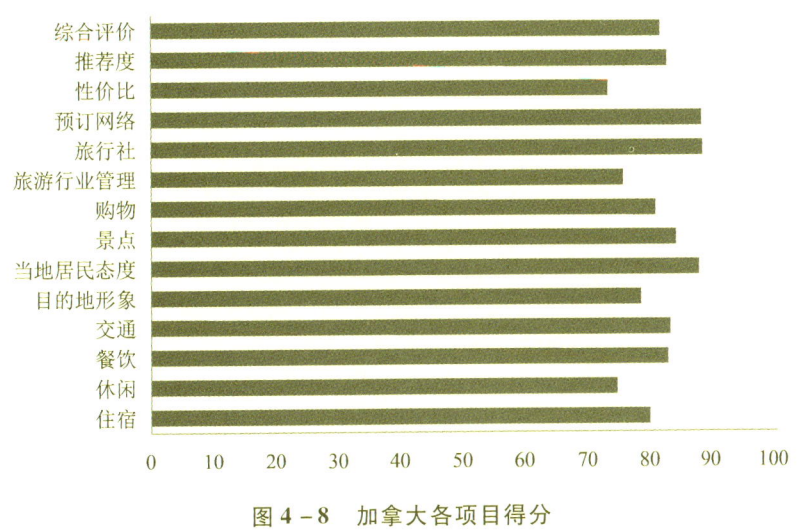

图4-8 加拿大各项目得分

（二）澳大利亚

1. 游客满意度得分及排名

全年到访澳大利亚的中国公民游客满意度为79.53，在24个抽样国家中排名第5。

2. 问卷调查分析

澳大利亚问卷满意度平均得分为8.22分，比总体平均分7.93分高0.29分，在被调查的27个国家中排第2名；得分最高的三项是美丽程度、知名度和空气质量，得分分别为8.58、8.54和8.51分；得分最低的三项是旅游价格，性价比和中文标识、信息和服务，得分分别为7.73、7.82和7.69分。

表4-5 问卷调查满意度

序号	指标	2014全年	序号	指标	2014全年
1	旅游价格	7.73	2	性价比	7.82
3	现代化程度	8.35	4	美丽程度	8.58
5	知名度	8.54	6	信息化程度	8.35
7	城市规划	8.23	8	卫生设施	8.39
9	无障碍设施	8.21	10	旧城和历史建筑保护	8.24
11	空气质量	8.51	12	自然生态	8.50
13	园林绿化	8.51	14	便利感	8.19
15	安全感	8.14	16	市容市貌	8.38
17	施工管理	7.95	18	市民形象和行为	8.29
19	文化氛围	8.33	20	民俗特色	8.23
21	供水和水质	8.25	22	供电	8.45
23	手机信号覆盖	8.35	24	互联网覆盖	8.43
25	农业现代化	7.98	26	工业旅游	7.84
27	银行刷卡便利性	8.46	28	城市公交	8.19
29	出租车	8.10	30	长途客运	7.92
31	自驾车	8.14	32	步行道和自行车道	8.30
33	机场	8.45	34	火车站	8.09
35	交通标识	8.26	36	餐饮	8.11
37	住宿	8.17	38	购物	8.24
39	文化娱乐	8.16	40	景区景点	8.42
41	外方旅行社	7.98	42	外方导游	7.95
43	旅游产品和服务质量	8.12	44	收据具备及正规度	8.25
45	旅游公共服务	8.22	46	标准化程度	8.15
47	中文标识、信息和服务	7.69	48	使领馆签证服务	8.22
49	目的地国边检海关服务	8.20			

第四章 目的地满意状况
Chapter Four Satisfaction Analysis of Major Destinations

3. 网络评论分析

2014年澳大利亚评论调查的游客满意度指数为80.38，高于境外游总体满意度平均值0.05分。各项指标的满意度均高于75.00，其中，对当地居民态度的满意度最高，达到86.52，满意度最低的是旅游行业管理，数值为76.13。

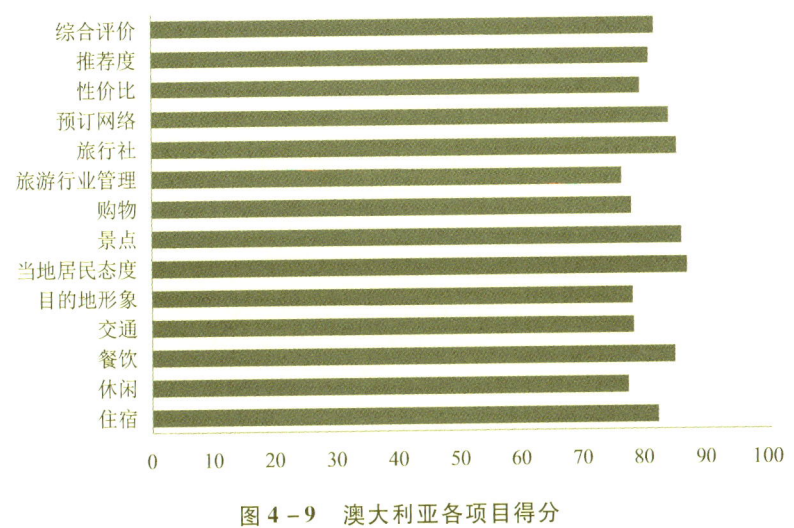

图4-9　澳大利亚各项目得分

（三）意大利

1. 游客满意度得分及排名

全年到访意大利的中国公民游客满意度为79.31，在24个抽样国家和地区中排名第6。

2. 问卷调查分析

意大利问卷满意度平均得分为8.22分，比总体平均分7.93分高0.29分，在被调查的27个国家中排第2名；得分最高的三项是美丽程度、知名度和供电，得分分别为8.66、8.56和8.50；得分最低的三项是旅游价格、性价比和中文标识、信息和服务，得分分别为7.82、7.81和7.46。

表4-6　问卷调查满意度

序号	指标	2014全年	序号	指标	2014全年
1	旅游价格	7.82	2	性价比	7.81
3	现代化程度	8.38	4	美丽程度	8.66

137

续表

序号	指标	2014 全年	序号	指标	2014 全年
5	知名度	8.56	6	信息化程度	8.35
7	城市规划	8.30	8	卫生设施	8.30
9	无障碍设施	8.16	10	旧城和历史建筑保护	8.36
11	空气质量	8.40	12	自然生态	8.36
13	园林绿化	8.45	14	便利感	8.21
15	安全感	8.10	16	市容市貌	8.31
17	施工管理	7.98	18	市民形象和行为	8.29
19	文化氛围	8.43	20	民俗特色	8.35
21	供水和水质	8.23	22	供电	8.50
23	手机信号覆盖	8.29	24	互联网覆盖	8.37
25	农业现代化	8.06	26	工业旅游	7.90
27	银行刷卡便利性	8.36	28	城市公交	8.18
29	出租车	8.17	30	长途客运	8.05
31	自驾车	8.14	32	步行道和自行车道	8.29
33	机场	8.47	34	火车站	8.12
35	交通标识	8.18	36	餐饮	8.20
37	住宿	8.23	38	购物	8.32
39	文化娱乐	8.20	40	景区景点	8.44
41	外方旅行社	7.97	42	外方导游	7.93
43	旅游产品和服务质量	8.04	44	收据具备及正规度	8.20
45	旅游公共服务	8.16	46	标准化程度	8.12
47	中文标识、信息和服务	7.46	48	使领馆签证服务	8.10
49	目的地国边检海关服务	8.28			

3. 网络评论分析

2014 年意大利评论调查的游客满意度指数为 80.31，较境外游总体满意度平均值低 0.04。各单项满意度均高于 70.00，其中，预订网络的满意度指数最高，达到 90.12。满意度最低的是旅游行业管理，数值为 70.86。游客对意大利的旅行社和当地居民态度也非常满意，满意度指数分别为 89.39 和 89.22。意大利的治安一直被国内媒体以及当地华人所诟病，游客对旅游行业管理的满意度最低，只有 70.86。

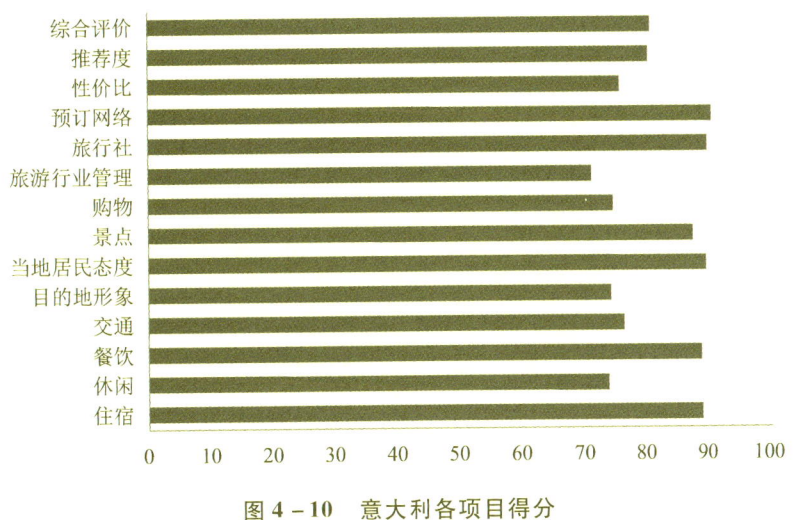

图 4-10 意大利各项目得分

（四）英国

1. 游客满意度得分及排名

全年到访英国的中国公民游客满意度为 79.16，全年在 24 个抽样国家中排名第 7。

2. 问卷调查分析

英国问卷满意度平均得分为 8.18 分，比总体平均分 7.93 分高 0.25 分，在被调查的 27 个国家中排第 6 名；得分最高的三项是知名度、银行刷卡便利性和机场，得分分别为 8.61、8.47 和 8.48；得分最低的三项是性价比、旅游价格和中文标识、信息和服务，得分分别为 7.82，7.63 和 7.51 分。

表4-7 问卷调查满意度

序号	指标	2014全年	序号	指标	2014全年
1	旅游价格	7.63	2	性价比	7.82
3	现代化程度	8.36	4	美丽程度	8.46
5	知名度	8.61	6	信息化程度	8.41
7	城市规划	8.27	8	卫生设施	8.38
9	无障碍设施	8.23	10	旧城和历史建筑保护	8.37
11	空气质量	8.28	12	自然生态	8.31
13	园林绿化	8.41	14	便利感	8.24
15	安全感	8.06	16	市容市貌	8.34
17	施工管理	7.99	18	市民形象和行为	8.19
19	文化氛围	8.31	20	民俗特色	8.23
21	供水和水质	8.11	22	供电	8.33
23	手机信号覆盖	8.31	24	互联网覆盖	8.41
25	农业现代化	7.86	26	工业旅游	7.83
27	银行刷卡便利性	8.47	28	城市公交	8.20
29	出租车	8.13	30	长途客运	7.96
31	自驾车	8.10	32	步行道和自行车道	8.23
33	机场	8.48	34	火车站	8.11
35	交通标识	8.09	36	餐饮	8.13
37	住宿	8.19	38	购物	8.26
39	文化娱乐	8.19	40	景区景点	8.33
41	外方旅行社	7.92	42	外方导游	7.94
43	旅游产品和服务质量	8.11	44	收据具备及正规度	8.22
45	旅游公共服务	8.13	46	标准化程度	8.11
47	中文标识、信息和服务	7.51	48	使领馆签证服务	8.18
49	目的地国边检海关服务	8.17			

3. 网络评论分析

2014年英国评论调查的游客综合满意度指数为80.38，略高于境外游总体满意度平均值高0.03。其中，旅行社满意度指数最高，达到91.34，旅游行业管满意度最低，数值为72.69。根据第四季度的各个分项指标及目的地评论分析，前往英国的旅客对预订网络、当地居民态度和餐饮的满意度指数也较高，分别为90.85、88.10和88.10。

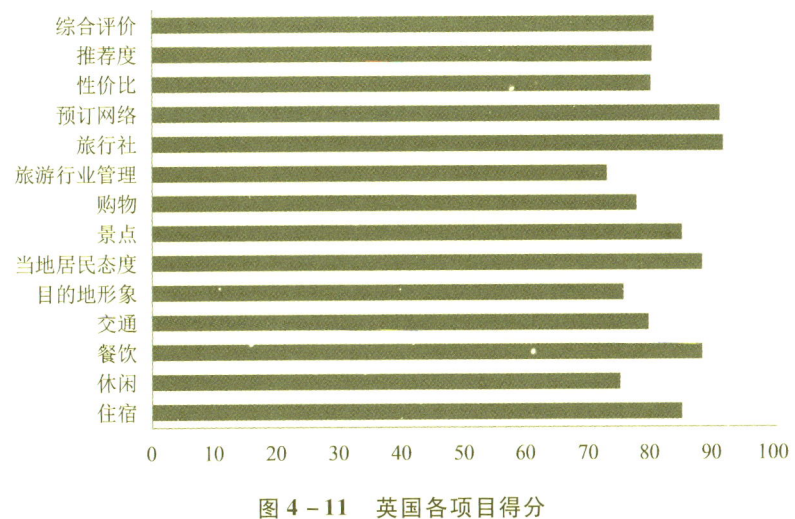

图4-11 英国各项目得分

（五）法国

1. 游客满意度得分及排名

全年到访法国的中国公民游客满意度为78.72，在24个抽样国家中排名第8。

2. 问卷调查分析

法国问卷满意度平均得分为8.12分，比总体平均分7.93分高0.19分，在被调查的27个国家中排第10名；得分最高的三项是知名度、美丽程度和旧城及历史建筑保护，得分分别为8.65、8.55和8.41；得分最低的三项是性价比，旅游价格和中文标识、信息和服务，得分分别为7.69、7.62和7.43。

表 4-8 问卷调查满意度

序号	指标	2014 全年	序号	指标	2014 全年
1	旅游价格	7.62	2	性价比	7.69
3	现代化程度	8.30	4	美丽程度	8.55
5	知名度	8.65	6	信息化程度	8.38
7	城市规划	8.17	8	卫生设施	8.33
9	无障碍设施	8.08	10	旧城和历史建筑保护	8.41
11	空气质量	8.33	12	自然生态	8.26
13	园林绿化	8.36	14	便利感	8.16
15	安全感	7.95	16	市容市貌	8.26
17	施工管理	7.84	18	市民形象和行为	8.20
19	文化氛围	8.32	20	民俗特色	8.23
21	供水和水质	8.06	22	供电	8.36
23	手机信号覆盖	8.28	24	互联网覆盖	8.31
25	农业现代化	7.84	26	工业旅游	7.74
27	银行刷卡便利性	8.30	28	城市公交	8.10
29	出租车	8.06	30	长途客运	7.83
31	自驾车	7.99	32	步行道和自行车道	8.17
33	机场	8.33	34	火车站	7.90
35	交通标识	8.02	36	餐饮	8.08
37	住宿	8.17	38	购物	8.32
39	文化娱乐	8.11	40	景区景点	8.36
41	外方旅行社	7.85	42	外方导游	7.81
43	旅游产品和服务质量	8.03	44	收据具备及正规度	8.10
45	旅游公共服务	8.04	46	标准化程度	8.07
47	中文标识、信息和服务	7.43	48	使领馆签证服务	8.07
49	目的地国边检海关服务	8.07			

3. 网络评论分析

2014年法国评论调查的游客综合满意度指数为81.71,较境外游总体满意度平均值高1.36,各单项满意度均高于72.00。其中,餐饮的满意度指数最高,达到了89.47,预订网络和旅行社的满意度紧随其后,分别为88.00和87.07。满意度最低的是旅游行业管理及休闲,分别为72.70和74.65。从各个分项指标及目的地评论分析,前往法国的旅客对住宿、景点、当地居民态度和餐饮比较满意,数值在80.00以上。

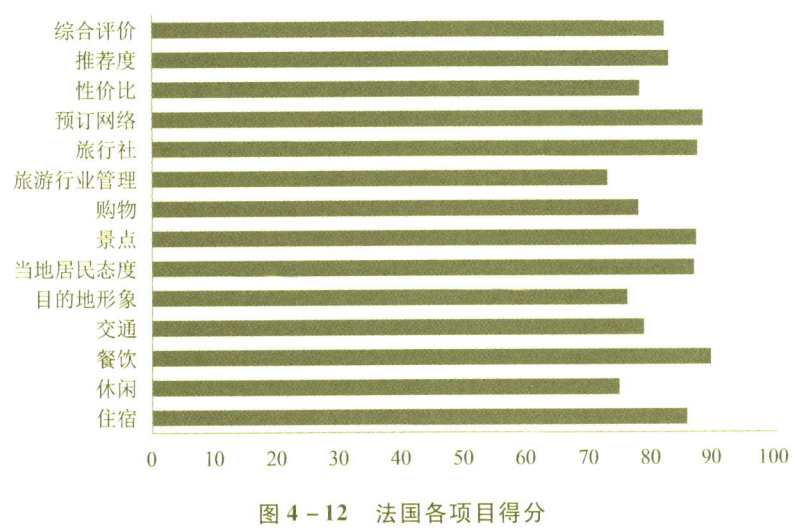

图4-12 法国各项目得分

(六)日本

1. 游客满意度得分及排名

全年到访日本的中国公民游客满意度为78.54,在24个抽样国家中排名第9。

2. 问卷调查分析

日本问卷满意度平均得分为8.12分,比总体平均分7.93分高0.19分,在被调查的27个国家中排第10名(与法国并列);得分最高的三项是卫生设施、机场和现代程度,得分分别为8.52、8.47和8.43;得分最低的三项是性价比、中文标识、信息和服务和旅游价格,得分分别为7.68、7.62和7.57。

表 4-9 问卷调查满意度

序号	指标	2014 全年	序号	指标	2014 全年
1	旅游价格	7.57	2	性价比	7.68
3	现代化程度	8.43	4	美丽程度	8.39
5	知名度	8.40	6	信息化程度	8.37
7	城市规划	8.24	8	卫生设施	8.52
9	无障碍设施	8.20	10	旧城和历史建筑保护	7.97
11	空气质量	8.20	12	自然生态	8.27
13	园林绿化	8.29	14	便利感	8.25
15	安全感	7.86	16	市容市貌	8.16
17	施工管理	7.87	18	市民形象和行为	8.07
21	供水和水质	8.02	22	供电	8.28
23	手机信号覆盖	8.32	24	互联网覆盖	8.36
25	农业现代化	7.84	26	工业旅游	7.73
27	银行刷卡便利性	8.41	28	城市公交	8.23
29	出租车	8.103	30	长途客运	7.98
31	自驾车	7.92	32	步行道和自行车道	8.22
33	机场	8.47	34	火车站	8.08
35	交通标识	8.21	36	餐饮	8.17
37	住宿	8.18	38	购物	8.31
39	文化娱乐	8.07	40	景区景点	8.32
41	外方旅行社	7.75	42	外方导游	7.78
19	文化氛围	8.05	20	民俗特色	8.13
43	旅游产品和服务质量	7.99	44	收据具备及正规度	8.14
45	旅游公共服务	8.13	46	标准化程度	8.05
47	中文标识、信息和服务	7.62	48	使领馆签证服务	8.06
49	目的地国边检海关服务	8.16			

3. 网络评论分析

2014年日本评论调查的游客满意度指数为82.44，较境外游总体满意度平均值高2.09分，各单项满意度均高于73.00。其中，游客满意度指数最高的是餐饮，为90.29分。游客纷纷表示日本人十分礼貌友善，通常都会耐心热情地帮助游客解决遇到的问题。最低的是旅游行业管理，指数为73.64。

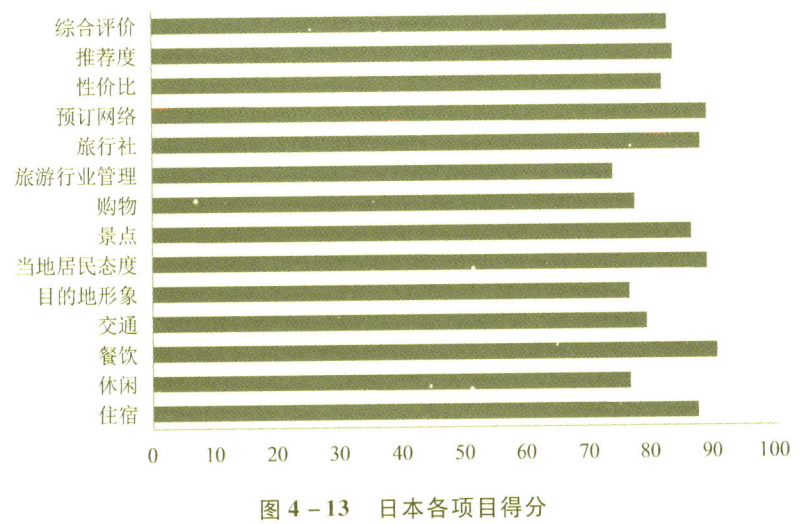

图4-13 日本各项目得分

（七）西班牙

1. 游客满意度得分及排名

全年到访西班牙的中国公民游客满意度为78.22，在24个抽样国家中排名第10。

2. 问卷调查分析

西班牙问卷满意度平均得分为8.02分，比总体平均分7.93分高0.09分，在被调查的27个国家中排第12名；得分最高的四项是景区景点、美丽程度、民俗特色和机场，得分分别为8.30、8.29、8.28和8.28；得分最低的三项是工业旅游，旅游价格和中文标识、信息和服务，得分分别为7.72、7.64和7.42。

表4–10 问卷调查满意度

序号	指标	2014全年	序号	指标	2014全年
1	旅游价格	7.64	2	性价比	7.74
3	现代化程度	8.10	4	美丽程度	8.29
5	知名度	8.26	6	信息化程度	8.03
7	城市规划	8.05	8	卫生设施	8.03
9	无障碍设施	7.94	10	旧城和历史建筑保护	8.18
11	空气质量	8.23	12	自然生态	8.27
13	园林绿化	8.26	14	便利感	8.03
15	安全感	7.87	16	市容市貌	8.03
17	施工管理	7.73	18	市民形象和行为	8.03
19	文化氛围	8.17	20	民俗特色	8.28
21	供水和水质	7.99	22	供电	8.19
23	手机信号覆盖	8.04	24	互联网覆盖	8.09
25	农业现代化	7.81	26	工业旅游	7.72
27	银行刷卡便利性	8.15	28	城市公交	8.04
29	出租车	7.87	30	长途客运	7.74
31	自驾车	7.95	32	步行道和自行车道	8.05
33	机场	8.28	34	火车站	7.97
35	交通标识	7.98	36	餐饮	8.01
37	住宿	8.06	38	购物	8.10
39	文化娱乐	8.10	40	景区景点	8.30
41	外方旅行社	7.90	42	外方导游	7.90
43	旅游产品和服务质量	7.93	44	收据具备及正规度	8.04
45	旅游公共服务	8.04	46	标准化程度	7.96
47	中文标识、信息和服务	7.42	48	使领馆签证服务	8.10
49	目的地国边检海关服务	8.13			

3. 网络评论分析

2014年西班牙评论调查的游客综合满意度指数为80.62，高于境外游总体满意度平均值0.27。其中，住宿的满意度最高，达到88.24，休闲的满意度最低，数值为70.77。从各个分项指标及目的地评论分析，游客对景点、住宿、餐饮、旅行社、当地居民态度和预订网络评价较高，均高于80.00。

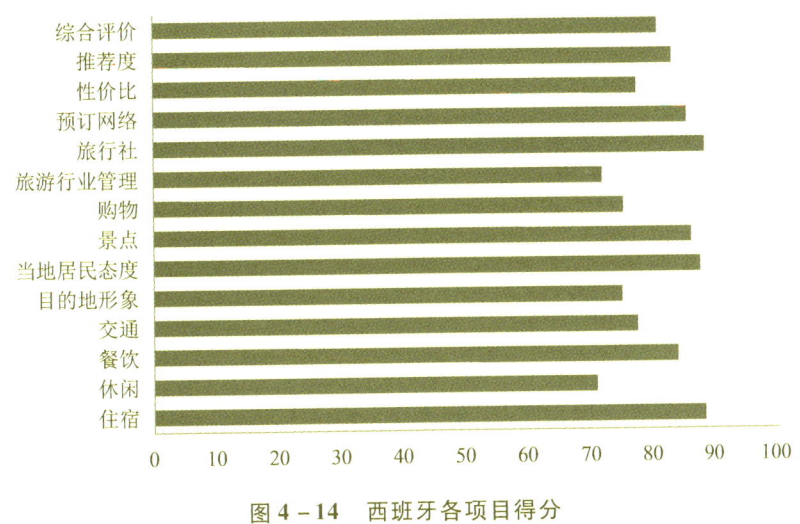

图4-14 西班牙各项目得分

（八）泰国

1. 游客满意度得分及排名

全年到访泰国的中国公民游客满意度为78.21，在24个抽样国家中排名第11。

2. 问卷调查分析

泰国问卷满意度平均得分为7.85分，比总体平均分7.93分低0.08，在被调查的27个国家中排第18名；得分最高的三项是景区景点、民俗特色和美丽程度，得分分别为8.31、8.30和8.26；得分最低的三项是无障碍设施、工业旅游和施工管理，得分分别为7.48、7.45和7.37。

表 4-11 问卷调查满意度

序号	指标	2014全年	序号	指标	2014全年
1	旅游价格	7.69	2	性价比	7.71
3	现代化程度	7.62	4	美丽程度	8.26
5	知名度	8.25	6	信息化程度	7.60
7	城市规划	7.64	8	卫生设施	7.53
9	无障碍设施	7.48	10	旧城和历史建筑保护	8.00
11	空气质量	8.15	12	自然生态	8.25
13	园林绿化	8.22	14	便利感	7.79
15	安全感	7.56	16	市容市貌	7.69
17	施工管理	7.37	18	市民形象和行为	7.73
19	文化氛围	7.93	20	民俗特色	8.30
21	供水和水质	7.73	22	供电	8.00
23	手机信号覆盖	7.85	24	互联网覆盖	7.78
25	农业现代化	7.61	26	工业旅游	7.45
27	银行刷卡便利性	8.06	28	城市公交	7.65
29	出租车	7.77	30	长途客运	7.66
31	自驾车	7.74	32	步行道和自行车道	7.78
33	机场	8.05	34	火车站	7.69
35	交通标识	7.79	36	餐饮	7.96
37	住宿	7.99	38	购物	8.03
39	文化娱乐	8.14	40	景区景点	8.31
41	外方旅行社	7.76	42	外方导游	7.73
43	旅游产品和服务质量	7.86	44	收据具备及正规度	7.87
45	旅游公共服务	7.89	46	标准化程度	7.75
47	中文标识、信息和服务	7.48	48	使领馆签证服务	8.15
49	目的地国边检海关服务	8.13			

3. 网络评论分析

2014年泰国评论调查的游客综合满意度指数为81.87，高于境外游总体满意度1.52分。其中，游客对当地居民态度的满意度指数最高为88.01，其次为住宿、餐饮、景点、预订网络及旅行社，均超过85.00。

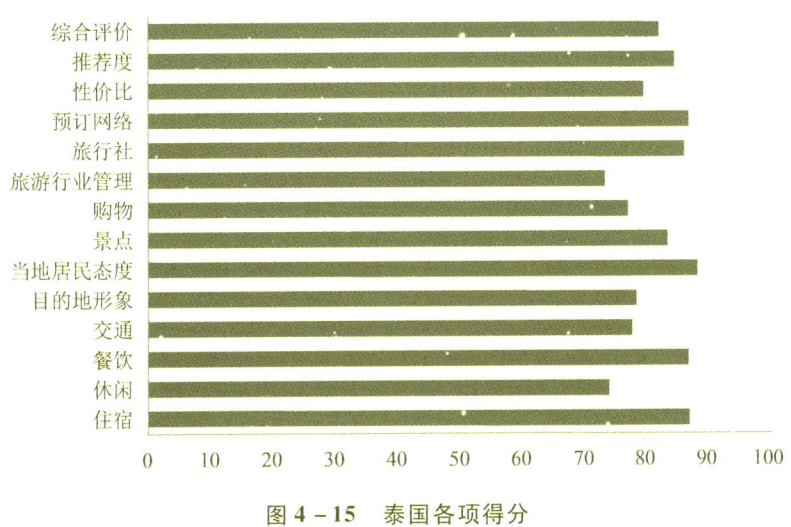

图4-15 泰国各项得分

（九）韩国

1. 游客满意度得分及排名

全年到访韩国的中国公民游客满意度为77.77，在24个抽样国家中排名第12。

2. 问卷调查分析

韩国问卷满意度平均得分为8分，比总体平均分7.93分高0.07分，在被调查的27个国家中排第15名；得分最高的四项是知名度、银行刷卡便利性和机场、美丽程度，得分分别为8.29、8.29和8.25、8.25；得分最低的三项是旅游价格，工业旅游和中文标识、信息和服务，得分分别为7.64、7.59和7.57。

表 4-12 问卷调查满意度

序号	指标	2014 全年	序号	指标	2014 全年
1	旅游价格	7.64	2	性价比	7.70
3	现代化程度	8.18	4	美丽程度	8.25
5	知名度	8.29	6	信息化程度	8.12
7	城市规划	7.99	8	卫生设施	8.18
9	无障碍设施	7.88	10	旧城和历史建筑保护	7.90
11	空气质量	8.11	12	自然生态	8.08
13	园林绿化	8.12	14	便利感	8.05
15	安全感	7.92	16	市容市貌	8.16
17	施工管理	7.74	18	市民形象和行为	8.08
19	文化氛围	8.01	20	民俗特色	8.20
21	供水和水质	7.94	22	供电	8.23
23	手机信号覆盖	8.21	24	互联网覆盖	8.24
25	农业现代化	7.67	26	工业旅游	7.59
27	银行刷卡便利性	8.29	28	城市公交	7.98
29	出租车	8.04	30	长途客运	7.73
31	自驾车	7.88	32	步行道和自行车道	8.01
33	机场	8.25	34	火车站	7.82
35	交通标识	7.98	36	餐饮	8.05
37	住宿	8.07	38	购物	8.23
39	文化娱乐	8.05	40	景区景点	8.20
41	外方旅行社	7.73	42	外方导游	7.71
43	旅游产品和服务质量	7.91	44	收据具备及正规度	8.04
45	旅游公共服务	7.97	46	标准化程度	7.91
47	中文标识、信息和服务	7.57	48	使领馆签证服务	8.09
49	目的地国边检海关服务	8.08			

第四章 目的地满意状况
Chapter Four　Satisfaction Analysis of Major Destinations

3. 网络评论分析

2014年韩国评论调查的游客满意度指数为82.19，较境外游总体满意度平均值高1.84分，各单项满意度均高于75.00。其中，当地居民态度满意度最高，达到89.80，满意度最低的是旅游行业管理及休闲，分别为75.72和75.58。

图4-16　韩国各项目得分

（十）德国

1. 游客满意度得分及排名

全年到访德国的中国公民游客满意度为77.46，在24个抽样国家中排名第13。

2. 问卷调查分析

德国问卷满意度平均得分为8.13分，比总体平均分7.93分高0.2分，在被调查的27个国家中排第9名；得分最高的三项是知名度、美丽程度和银行刷卡便利性，得分分别为8.46、8.44和8.41；得分最低的三项是性价比、旅游价格和中文标识、信息和服务，得分分别为7.78、7.67和7.47。

表4-13　问卷调查满意度

序号	指标	2014 全年	序号	指标	2014 全年
1	旅游价格	7.67	2	性价比	7.78
3	现代化程度	8.27	4	美丽程度	8.44

续表

序号	指标	2014全年	序号	指标	2014全年
5	知名度	8.46	6	信息化程度	8.32
7	城市规划	8.25	8	卫生设施	8.34
9	无障碍设施	8.14	10	旧城和历史建筑保护	8.15
11	空气质量	8.34	12	自然生态	8.31
13	园林绿化	8.36	14	便利感	8.21
15	安全感	8.06	16	市容市貌	8.22
17	施工管理	7.82	18	市民形象和行为	8.23
19	文化氛围	8.22	20	民俗特色	8.16
21	供水和水质	8.12	22	供电	8.39
23	手机信号覆盖	8.32	24	互联网覆盖	8.37
25	农业现代化	7.88	26	工业旅游	7.88
27	银行刷卡便利性	8.41	28	城市公交	8.11
29	出租车	8.04	30	长途客运	7.87
31	自驾车	8.05	32	步行道和自行车道	8.20
33	机场	8.38	34	火车站	7.99
35	交通标识	8.10	36	餐饮	8.04
37	住宿	8.13	38	购物	8.12
39	文化娱乐	8.01	40	景区景点	8.31
41	外方旅行社	7.88	42	外方导游	7.84
43	旅游产品和服务质量	8.02	44	收据具备及正规度	8.18
45	旅游公共服务	8.09	46	标准化程度	8.10
47	中文标识、信息和服务	7.47	48	使领馆签证服务	8.17
49	目的地国边检海关服务	8.14			

3. 网络评论分析

2014年德国评论调查的游客满意度指数为78.84，较境外游总体满意度平均值低 1.51 分。其中，旅行社和预订网络的满意度指数最高，分别达到 88.80 和 88.34，对当地居民态度、景点、住宿、餐饮也比较满意，满意度指数均高于 80。

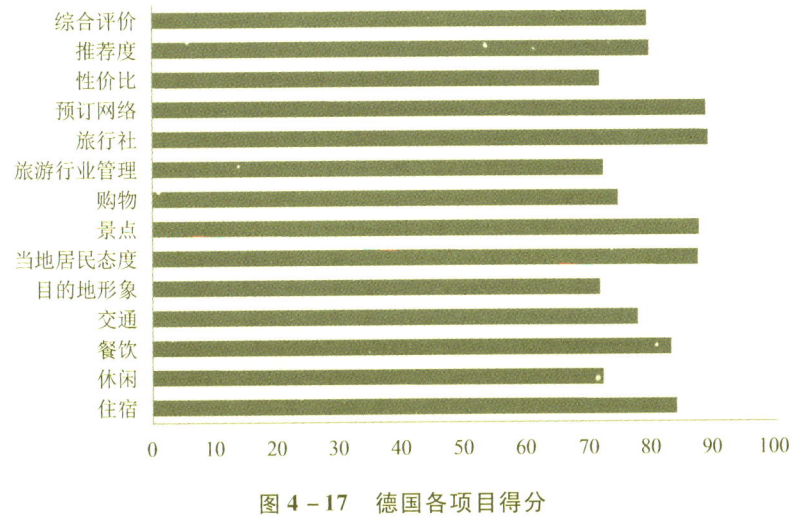

图 4-17 德国各项目得分

（十一）马来西亚

1. 游客满意度得分及排名

马来西亚全年抽样样本的平均水平为 76.68，在 24 个抽样国家中排名第 14。

2. 问卷调查分析

马来西亚问卷满意度平均得分为 7.84 分，比总体平均分 7.93 分低 0.09 分，在被调查的 27 个国家中排第 20 名；得分最高的三项是园林绿化、美丽程度和自然生态，得分分别为 8.23、8.18 和 8.17 分；得分最低的三项是工业旅游、中文标识、信息和服务和施工管理，得分分别为 7.52、7.51 和 7.44 分。

表 4-14 问卷调查满意度

序号	指标	2014 全年	序号	指标	2014 全年
1	旅游价格	7.64	2	性价比	7.68
3	现代化程度	7.79	4	美丽程度	8.18
5	知名度	8.02	6	信息化程度	7.77
7	城市规划	7.75	8	卫生设施	7.78

续表

序号	指标	2014 全年	序号	指标	2014 全年
9	无障碍设施	7.61	10	旧城和历史建筑保护	7.86
11	空气质量	8.16	12	自然生态	8.17
13	园林绿化	8.23	14	便利感	7.91
15	安全感	7.55	16	市容市貌	7.87
17	施工管理	7.44	18	市民形象和行为	7.81
19	文化氛围	7.86	20	民俗特色	8.09
21	供水和水质	7.82	22	供电	8.04
23	手机信号覆盖	8.01	24	互联网覆盖	7.97
25	农业现代化	7.57	26	工业旅游	7.52
27	银行刷卡便利性	8.08	28	城市公交	7.83
29	出租车	7.82	30	长途客运	7.61
31	自驾车	7.74	32	步行道和自行车道	7.83
33	机场	8.09	34	火车站	7.70
35	交通标识	7.83	36	餐饮	7.89
37	住宿	7.87	38	购物	8.00
39	文化娱乐	8.00	40	景区景点	8.14
41	外方旅行社	7.64	42	外方导游	7.67
43	旅游产品和服务质量	7.78	44	收据具备及正规度	7.81
45	旅游公共服务	7.78	46	标准化程度	7.73
47	中文标识、信息和服务	7.51	48	使领馆签证服务	7.97
49	目的地国边检海关服务	7.95			

3. 网络评论分析

2014 年马来西亚旅游评论调查的游客综合满意度指数为 80.07 分，低于境外游游客总体满意度 0.28。除旅游行业管理，其余指标的满意度指数均在 75 以上。其中，满意度最高的为目的地居民态度，满意度指数达到 88.59。对餐饮、住宿和旅行社也比较满意，满意度指数均高于 83.00。

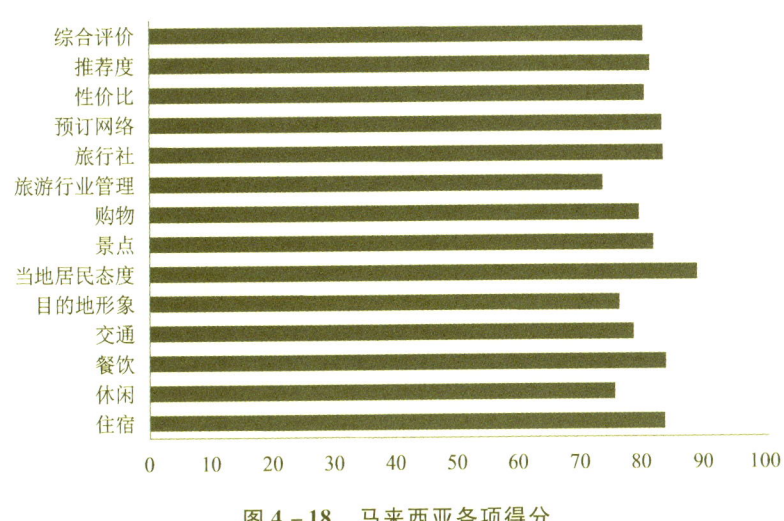

图 4-18 马来西亚各项得分

（十二）印度尼西亚

1. 游客满意度得分及排名

全年到访印尼的中国公民游客满意度为 76.18，在 24 个抽样国家中排名第 15。

2. 问卷调查分析

印度尼西亚问卷满意度平均得分为 7.69 分，比总体平均分 7.93 分低，在被调查的 27 个国家中排第 21 名；得分最高的三项是空气质量、园林绿化和美丽程度，得分分别为 8.02、8.02 和 7.98；得分最低的三项是施工管理、工业旅游和中文标识、信息和服务，得分分别为 7.42、7.37 和 7.24 分。

表 4-15 问卷调查满意度

序号	指标	2014 全年	序号	指标	2014 全年
1	旅游价格	7.54	2	性价比	7.59
3	现代化程度	7.51	4	美丽程度	7.98
5	知名度	7.87	6	信息化程度	7.50
7	城市规划	7.55	8	卫生设施	7.54
9	无障碍设施	7.53	10	旧城和历史建筑保护	7.77

续表

序号	指标	2014 全年	序号	指标	2014 全年
11	空气质量	8.02	12	自然生态	7.96
13	园林绿化	8.02	14	便利感	7.57
15	安全感	7.47	16	市容市貌	7.61
17	施工管理	7.42	18	市民形象和行为	7.60
19	文化氛围	7.76	20	民俗特色	7.95
21	供水和水质	7.58	22	供电	7.90
23	手机信号覆盖	7.77	24	互联网覆盖	7.71
25	农业现代化	7.48	26	工业旅游	7.37
27	银行刷卡便利性	7.79	28	城市公交	7.61
29	出租车	7.64	30	长途客运	7.54
31	自驾车	7.64	32	步行道和自行车道	7.63
33	机场	7.88	34	火车站	7.70
35	交通标识	7.64	36	餐饮	7.75
37	住宿	7.83	38	购物	7.85
39	文化娱乐	7.83	40	景区景点	7.94
41	外方旅行社	7.62	42	外方导游	7.62
43	旅游产品和服务质量	7.72	44	收据具备及正规度	7.73
45	旅游公共服务	7.71	46	标准化程度	7.60
47	中文标识、信息和服务	7.24	48	使领馆签证服务	7.93
49	目的地国边检海关服务	7.90			

3. 网络评论分析

2014年印度尼西亚旅游评论调查的游客综合满意度指数为80.89，高于境外游游客总体满意度0.54。游客对印尼旅游总体比较满意，各项目得分均高于70分。其中，满意度最高的为当地居民态度，满意度指数为88.74，其次为住宿和餐饮，数值为87.64和85.87。游客对印度尼西亚的预订网络和旅行社也相对比较满意。满意度最低的旅游行业管理指数为70.32。

第四章 目的地满意状况
Chapter Four Satisfaction Analysis of Major Destinations

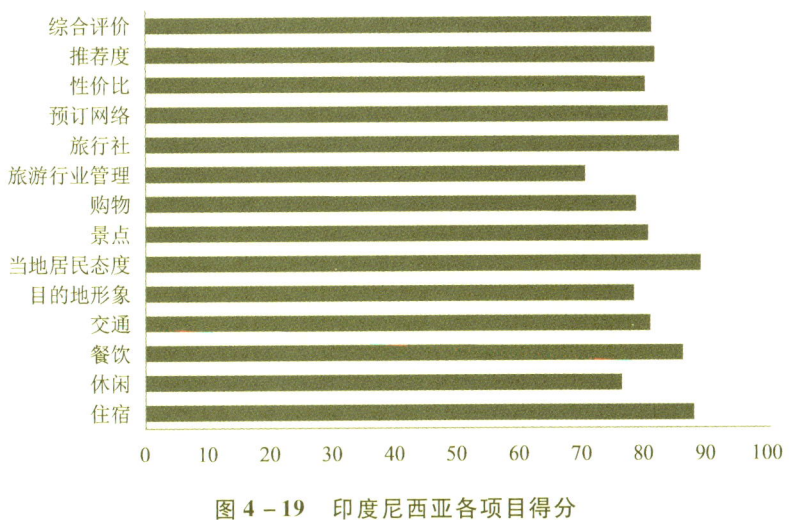

图 4-19 印度尼西亚各项目得分

（十三）俄罗斯

1. 游客满意度得分及排名

全年到访俄罗斯的中国公民游客满意度为 75.44，全年在 24 个抽样国家中排名第 16。

2. 问卷调查分析

俄罗斯问卷满意度平均得分为 7.90 分，比总体平均分 7.93 分低 0.03 分，在被调查的 27 个国家中排第 16 名；得分最高的三项是美丽程度、知名度和空气质量，得分分别为 8.25、8.15 和 8.15；得分最低的三项是施工管理、旅游价格和中文标识、信息和服务，得分分别为 7.60、7.55 和 7.33。

表 4-16 问卷调查满意度

序号	指标	2014 全年	序号	指标	2014 全年
1	旅游价格	7.55	2	性价比	7.63
3	现代化程度	7.97	4	美丽程度	8.25
5	知名度	8.15	6	信息化程度	7.95
7	城市规划	7.94	8	卫生设施	7.98
9	无障碍设施	7.85	10	旧城和历史建筑保护	8.14
11	空气质量	8.15	12	自然生态	8.14

续表

序号	指标	2014全年	序号	指标	2014全年
13	园林绿化	8.12	14	便利感	7.88
15	安全感	7.71	16	市容市貌	7.99
17	施工管理	7.60	18	市民形象和行为	7.93
19	文化氛围	8.06	20	民俗特色	8.11
21	供水和水质	7.87	22	供电	8.14
23	手机信号覆盖	7.98	24	互联网覆盖	8.00
25	农业现代化	7.72	26	工业旅游	7.63
27	银行刷卡便利性	7.92	28	城市公交	7.83
29	出租车	7.83	30	长途客运	7.64
31	自驾车	7.84	32	步行道和自行车道	7.94
33	机场	8.11	34	火车站	7.76
35	交通标识	7.85	36	餐饮	7.90
37	住宿	7.95	38	购物	7.95
39	文化娱乐	7.86	40	景区景点	8.14
41	外方旅行社	7.80	42	外方导游	7.75
43	旅游产品和服务质量	7.85	44	收据具备及正规度	7.87
45	旅游公共服务	7.90	46	标准化程度	7.87
47	中文标识、信息和服务	7.33	48	使领馆签证服务	7.95
49	目的地国边检海关服务	7.92			

3. 网络评论分析

2014年俄罗斯评论调查的游客综合满意度指数为76.20，较境外游总体满意度平均值低4.15，其中，对预订网络的满意度最高，达到了90.64。游客对旅行社、景点、当地居民态度和住宿比较满意，满意度指数均高于80.00。满意度指数最低的是旅游行业管理，仅为68.61。

第四章 目的地满意状况
Chapter Four Satisfaction Analysis of Major Destinations

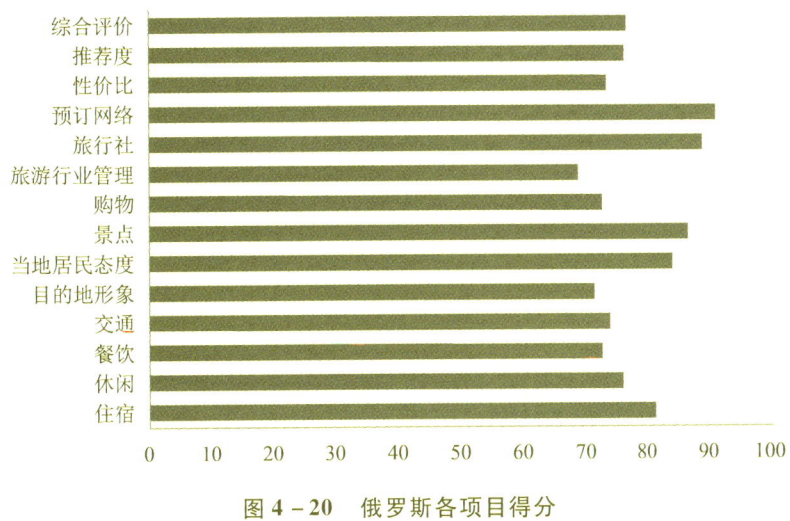

图 4-20 俄罗斯各项目得分

（十四）菲律宾

1. 游客满意度得分及排名

菲律宾全年抽样样本的平均水平为 75.25，在 24 个抽样国家中排名第 17。

2. 问卷调查分析

菲律宾问卷满意度平均得分为 7.65 分，比总体平均分 7.93 分低 0.28 分，在被调查的 27 个国家中排第 22 名；得分最高的三项是自然生态、园林绿化和美丽程度，得分分别为 8.04、8.00 和 7.99 分；得分最低的三项是施工管理、安全感和中文标识、信息和服务，得分分别为 7.27、7.26 和 7.25 分。

表 4-17 问卷调查满意度

序号	指标	2014 全年	序号	指标	2014 全年
1	旅游价格	7.55	2	性价比	7.55
3	现代化程度	7.51	4	美丽程度	7.99
5	知名度	7.80	6	信息化程度	7.38
7	城市规划	7.55	8	卫生设施	7.54
9	无障碍设施	7.41	10	旧城和历史建筑保护	7.64
11	空气质量	7.98	12	自然生态	8.04

续表

序号	指标	2014 全年	序号	指标	2014 全年
13	园林绿化	8.00	14	便利感	7.57
15	安全感	7.26	16	市容市貌	7.53
17	施工管理	7.27	18	市民形象和行为	7.48
19	文化氛围	7.67	20	民俗特色	7.94
21	供水和水质	7.66	22	供电	7.91
23	手机信号覆盖	7.74	24	互联网覆盖	7.78
25	农业现代化	7.48	26	工业旅游	7.41
27	银行刷卡便利性	7.79	28	城市公交	7.66
29	出租车	7.61	30	长途客运	7.50
31	自驾车	7.57	32	步行道和自行车道	7.66
33	机场	7.89	34	火车站	7.56
35	交通标识	7.55	36	餐饮	7.81
37	住宿	7.80	38	购物	7.83
39	文化娱乐	7.78	40	景区景点	7.96
41	外方旅行社	7.52	42	外方导游	7.53
43	旅游产品和服务质量	7.66	44	收据具备及正规度	7.62
45	旅游公共服务	7.69	46	标准化程度	7.55
47	中文标识、信息和服务	7.25	48	使领馆签证服务	7.81
49	目的地国边检海关服务	7.71			

3. 网络评论分析

2014年菲律宾旅游评论调查的游客综合满意度指数为79.17，低于境外游游客总体满意度1.18分。游客对菲律宾旅游各项指标的满意度都在70.00以上。其中，对预订网络的满意度最高，满意度指数达到90.07。其次，对旅行社、当地居民态度、餐饮和景点也比较满意，满意度指数分别为88.27、87.96、84.26和80.09，其余项目评分均小于80.00分。

第四章 目的地满意状况
Chapter Four Satisfaction Analysis of Major Destinations

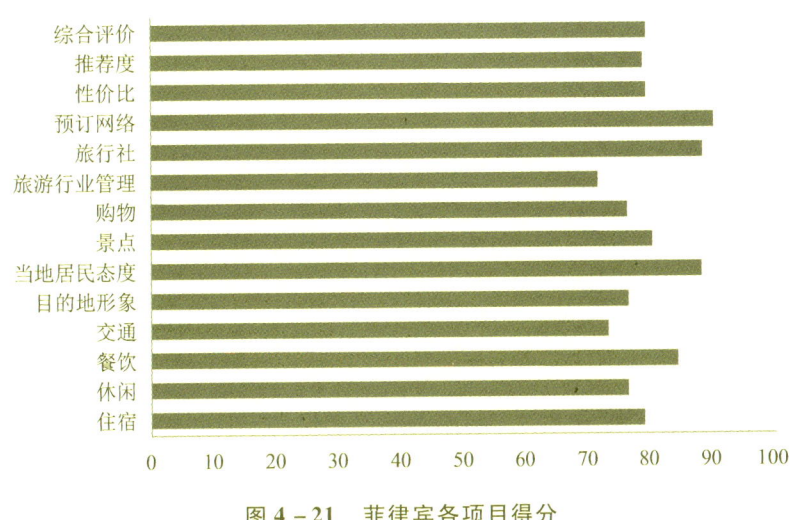

图 4-21 菲律宾各项目得分

三、不太满意水平

(一) 南非

1. 游客满意度得分及排名

全年到访南非的中国公民游客满意度为 74.84,在 24 个抽样国家和地区中排名第 18。

2. 问卷调查分析

南非问卷满意度平均得分为 7.55 分,比总体平均分 7.93 分低 0.38 分,在被调查的 27 个国家中排第 23 名;得分最高的三项是民俗特色、自然生态和空气质量,得分分别为 8.01、8.01 和 7.95;得分最低的三项是安全感、施工管理和中文标识信息和服务,得分分别为 7.20、7.17 和 7.01。

表 4-18 问卷调查满意度

序号	指标	2014 全年	序号	指标	2014 全年
1	旅游价格	7.52	2	性价比	7.58
3	现代化程度	7.47	4	美丽程度	7.94
5	知名度	7.72	6	信息化程度	7.32

续表

序号	指标	2014 全年	序号	指标	2014 全年
7	城市规划	7.43	8	卫生设施	7.32
9	无障碍设施	7.29	10	旧城和历史建筑保护	7.69
11	空气质量	7.95	12	自然生态	8.01
13	园林绿化	7.88	14	便利感	7.35
15	安全感	7.20	16	市容市貌	7.42
17	施工管理	7.17	18	市民形象和行为	7.44
19	文化氛围	7.68	20	民俗特色	8.01
21	供水和水质	7.51	22	供电	7.73
23	手机信号覆盖	7.50	24	互联网覆盖	7.50
25	农业现代化	7.31	26	工业旅游	7.27
27	银行刷卡便利性	7.56	28	城市公交	7.39
29	出租车	7.41	30	长途客运	7.36
31	自驾车	7.54	32	步行道和自行车道	7.50
33	机场	7.80	34	火车站	7.57
35	交通标识	7.43	36	餐饮	7.64
37	住宿	7.60	38	购物	7.79
39	文化娱乐	7.73	40	景区景点	7.89
41	外方旅行社	7.51	42	外方导游	7.52
43	旅游产品和服务质量	7.61	44	收据具备及正规度	7.58
45	旅游公共服务	7.60	46	标准化程度	7.43
47	中文标识、信息和服务	7.01	48	使领馆签证服务	7.73
49	目的地国边检海关服务	7.73			

3. 网络评论分析

2014 年南非旅游评论调查的游客综合满意度指数为 78.00，低于境外游客总体满意度 2.35。其中，游客对南非旅游的住宿、预订网络、餐饮、旅行社和当地居民态度满意度均高于80.00。从吃住行的角度来看，游客对南非餐饮的满意度高达88.64，对于住宿的满意度为88.78，可见南非的食、宿条件比较理想，与之相较，游客对于南非性价比的评价仅为71.44。由于南非旅游不断升温，且游客多选择通过旅行社或代理报团前往，因此良性竞争环境使预订和代理服务质量水平不断提高，从数据来看，预订网络和旅行社服务的满意度指数分别达到88.75和88.60。然而，游客对当地的旅游行业管理（市场秩序）满意度一般，只有72.60。

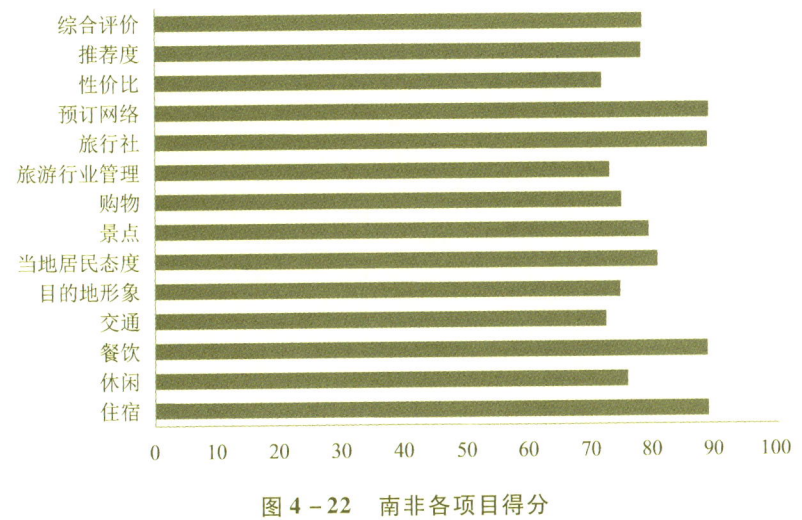

图4-22 南非各项目得分

（二）阿根廷

1. 游客满意度得分及排名

全年到访阿根廷的中国公民游客满意度为74.75，在24个抽样国家和地区中排名第19。

2. 问卷调查分析

阿根廷问卷满意度平均得分为7.86分，比总体平均分7.93分低0.07分，在被调查的27个国家中排第17名；得分最高的三项是自然生态、供电和园林绿化，得分分别为8.23、8.18和8.17分；得分最低的三项是旅游价格，工业旅游和中文标识信息和服务，得分分别为7.52、7.50和7.15分。

表 4-19 问卷调查满意度

序号	指标	2014 全年	序号	指标	2014 全年
1	旅游价格	7.52	2	性价比	7.53
3	现代化程度	7.86	4	美丽程度	8.13
5	知名度	7.94	6	信息化程度	7.78
7	城市规划	7.79	8	卫生设施	7.85
9	无障碍设施	7.64	10	旧城和历史建筑保护	7.95
11	空气质量	8.16	12	自然生态	8.23
13	园林绿化	8.17	14	便利感	7.72
15	安全感	7.70	16	市容市貌	7.84
17	施工管理	7.56	18	市民形象和行为	7.85
19	文化氛围	8.02	20	民俗特色	8.14
21	供水和水质	7.85	22	供电	8.18
23	手机信号覆盖	7.94	24	互联网覆盖	8.06
25	农业现代化	7.67	26	工业旅游	7.50
27	银行刷卡便利性	7.95	28	城市公交	7.89
29	出租车	7.88	30	长途客运	7.63
31	自驾车	7.74	32	步行道和自行车道	7.91
33	机场	8.08	34	火车站	7.78
35	交通标识	7.81	36	餐饮	7.96
37	住宿	7.97	38	购物	7.96
39	文化娱乐	7.92	40	景区景点	8.13
41	外方旅行社	7.67	42	外方导游	7.70
43	旅游产品和服务质量	7.85	44	收据具备及正规度	7.85
45	旅游公共服务	7.88	46	标准化程度	7.90
47	中文标识、信息和服务	7.15	48	使领馆签证服务	7.88
49	目的地国边检海关服务	7.86			

第四章 目的地满意状况
Chapter Four Satisfaction Analysis of Major Destinations

3. 网络评论分析

2014年第四季度阿根廷评论调查的游客满意度指数为74.29，较境外游总体满意度平均值低6.06分。其中，住宿和当地居民态度的满意度指数最高，分别为89.31和88.52，满意度最低的是餐饮，指数分别49.30，预订网络和旅行社比较满意，指数均超过80.00。

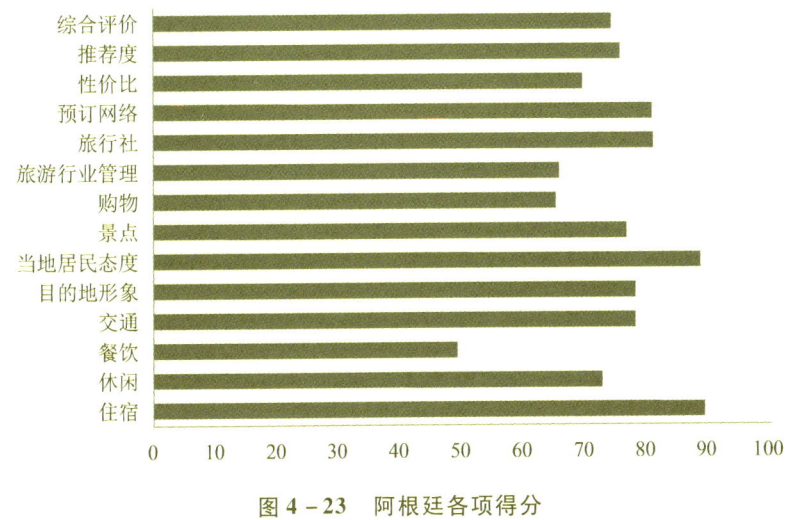

图4-23 阿根廷各项得分

（三）柬埔寨

1. 游客满意度得分及排名

全年到访柬埔寨的中国公民游客满意度为74.64，在24个抽样国家中排名第20。

2. 问卷调查分析

柬埔寨问卷满意度平均得分为7.54分，比总体平均分7.93分高低0.39分，在被调查的27个国家中排第24名；得分最高的三项是自然生态、民俗特色和景区景点，得分分别为8.02、8.02和7.95；得分最低的三项是信息化程度、施工管理和中文标识、信息和服务，得分分别为7.19、7.15和7.06。

165

表 4-20 问卷调查满意度

序号	指标	2014 全年	序号	指标	2014 全年
1	旅游价格	7.64	2	性价比	7.59
3	现代化程度	7.28	4	美丽程度	7.82
5	知名度	7.59	6	信息化程度	7.19
7	城市规划	7.38	8	卫生设施	7.26
9	无障碍设施	7.22	10	旧城和历史建筑保护	7.78
11	空气质量	7.93	12	自然生态	8.02
13	园林绿化	7.94	14	便利感	7.37
15	安全感	7.34	16	市容市貌	7.38
17	施工管理	7.15	18	市民形象和行为	7.44
19	文化氛围	7.62	20	民俗特色	8.02
21	供水和水质	7.59	22	供电	7.76
23	手机信号覆盖	7.58	24	互联网覆盖	7.54
25	农业现代化	7.37	26	工业旅游	7.26
27	银行刷卡便利性	7.49	28	城市公交	7.37
29	出租车	7.34	30	长途客运	7.48
31	自驾车	7.55	32	步行道和自行车道	7.52
33	机场	7.70	34	火车站	7.53
35	交通标识	7.34	36	餐饮	7.67
37	住宿	7.67	38	购物	7.72
39	文化娱乐	7.65	40	景区景点	7.95
41	外方旅行社	7.45	42	外方导游	7.42
43	旅游产品和服务质量	7.59	44	收据具备及正规度	7.44
45	旅游公共服务	7.61	46	标准化程度	7.46
47	中文标识、信息和服务	7.06	48	使领馆签证服务	7.82
49	目的地国边检海关服务	7.67			

3. 网络评论分析

2014年柬埔寨旅游评论调查的游客综合满意度指数为80.65，高于境外游客总体满意度0.30。其中，满意度最高的为住宿，满意度指数为86.50。其次，游客对当地居民态度、餐饮比较满意，满意度指数均超过86.00。

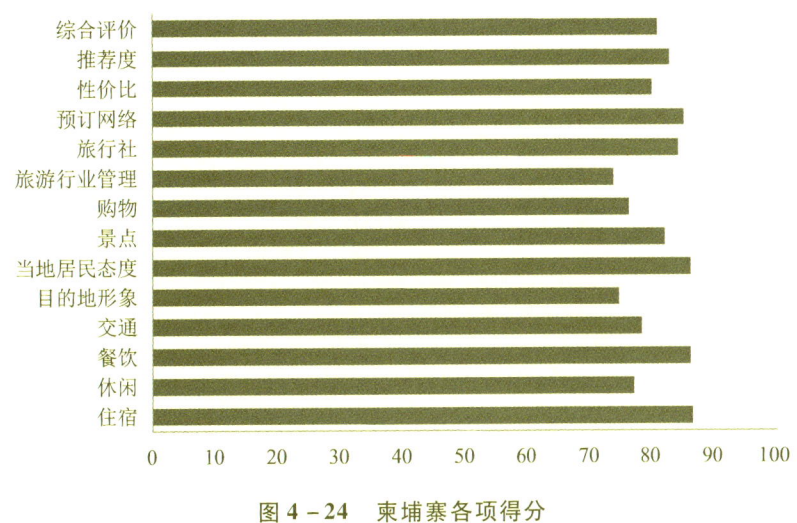

图4-24 柬埔寨各项得分

（四）巴西

1. 游客满意度得分及排名

巴西全年抽样样本的平均水平为74.38，在24个抽样国家中排名第21。

2. 问卷调查分析

巴西问卷满意度平均得分为7.85分，比总体平均分7.93分低0.08分，在被调查的27个国家中排第19名；得分最高的三项是自然生态、美丽程度和民俗特色，得分分别为8.17、8.14和8.13；得分最低的三项是工业旅游，旅游价格和中文标识、信息和服务，得分分别为7.59、7.50和7.24。

表 4-21 问卷调查满意度

序号	指标	2014 全年	序号	指标	2014 全年
1	旅游价格	7.50	2	性价比	7.61
3	现代化程度	7.88	4	美丽程度	8.14
5	知名度	8.13	6	信息化程度	7.83
7	城市规划	7.87	8	卫生设施	7.81
9	无障碍设施	7.78	10	旧城和历史建筑保护	7.93
11	空气质量	8.10	12	自然生态	8.17
13	园林绿化	8.11	14	便利感	7.85
15	安全感	7.66	16	市容市貌	7.88
17	施工管理	7.63	18	市民形象和行为	7.83
19	文化氛围	7.93	20	民俗特色	8.13
21	供水和水质	7.80	22	供电	8.05
25	农业现代化	7.65	26	工业旅游	7.59
27	银行刷卡便利性	7.93	28	城市公交	7.77
29	出租车	7.78	30	长途客运	7.69
31	自驾车	7.84	32	步行道和自行车道	7.77
33	机场	8.09	34	火车站	7.72
35	交通标识	7.88	36	餐饮	7.84
37	住宿	7.89	38	购物	7.94
39	文化娱乐	7.93	40	景区景点	8.07
41	外方旅行社	7.69	42	外方导游	7.70
43	旅游产品和服务质量	7.89	44	收据具备及正规度	7.89
45	旅游公共服务	7.83	46	标准化程度	7.79
23	手机信号覆盖	7.94	24	互联网覆盖	7.99
47	中文标识、信息和服务	7.24	48	使领馆签证服务	7.92
49	目的地国边检海关服务	7.92			

第四章 目的地满意状况
Chapter Four Satisfaction Analysis of Major Destinations

3. 网络评论分析

2014 年巴西旅游评论调查的游客综合满意度指数为 74.07，低于境外游游客总体满意度 6.28。其中，游客对景点的满意度最高，满意度指数达到 83.50，其次是住宿和目的地形象，满意度指数分别为 80.21 和 80.09，除以上三项指标外其余指标均低于 80 分。

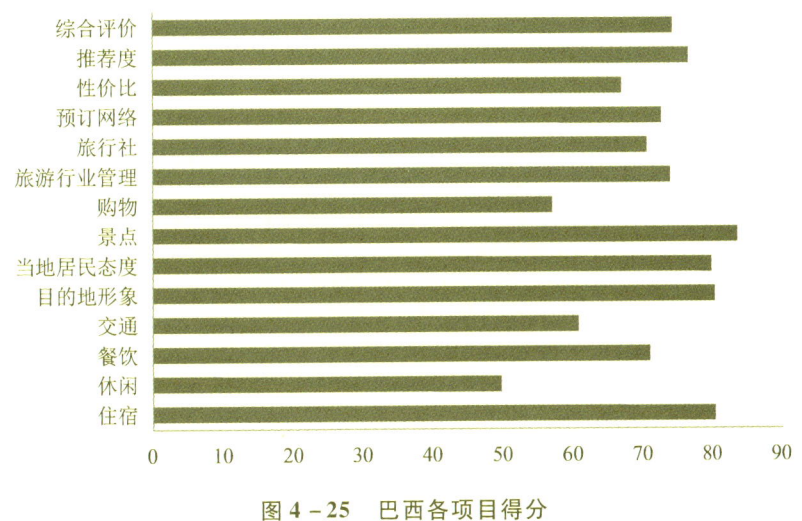

图 4-25 巴西各项目得分

（五）印度

1. 游客满意度得分及排名

全年到访印度的中国公民游客满意度为 72.88，在 24 个抽样国家中排名第 22。

2. 问卷调查分析

印度问卷满意度平均得分为 7.48 分，比总体平均分 7.93 分低 0.45 分，在被调查的 27 个国家中排第 26 名；得分最高的三项是民俗特色、美丽程度和景区景点，得分分别为 8.01、7.86 和 7.86；得分最低的三项是安全感、施工管理和中文标识、信息和服务，得分分别为 7.17、7.11 和 7.01。

表4-22 问卷调查满意度

序号	指标	2014全年	序号	指标	2014全年
1	旅游价格	7.43	2	性价比	7.45
3	现代化程度	7.39	4	美丽程度	7.86
5	知名度	7.82	6	信息化程度	7.47
7	城市规划	7.43	8	卫生设施	7.20
9	无障碍设施	7.22	10	旧城和历史建筑保护	7.64
11	空气质量	7.66	12	自然生态	7.76
13	园林绿化	7.69	14	便利感	7.29
15	安全感	7.17	16	市容市貌	7.30
17	施工管理	7.11	18	市民形象和行为	7.37
19	文化氛围	7.64	20	民俗特色	8.01
21	供水和水质	7.42	22	供电	7.61
23	手机信号覆盖	7.42	24	互联网覆盖	7.46
25	农业现代化	7.26	26	工业旅游	7.20
27	银行刷卡便利性	7.47	28	城市公交	7.36
29	出租车	7.29	30	长途客运	7.28
31	自驾车	7.29	32	步行道和自行车道	7.41
33	机场	7.70	34	火车站	7.28
35	交通标识	7.37	36	餐饮	7.67
37	住宿	7.57	38	购物	7.71
39	文化娱乐	7.70	40	景区景点	7.86
41	外方旅行社	7.48	42	外方导游	7.43
43	旅游产品和服务质量	7.52	44	收据具备及正规度	7.51
45	旅游公共服务	7.55	46	标准化程度	7.42
47	中文标识、信息和服务	7.01	48	使领馆签证服务	7.67
49	目的地国边检海关服务	7.71			

3. 网络评论分析

2014年印度旅游评论调查的游客综合满意度指数为75.67，低于境外游游客总体满意度4.68。游客满意度最高的是当地居民态度，满意度指数为85.74。游客对景点、餐饮、住宿也比较满意，指数均高于80.00。游客最不满意的是印度的交通，满意度指数为68.64。

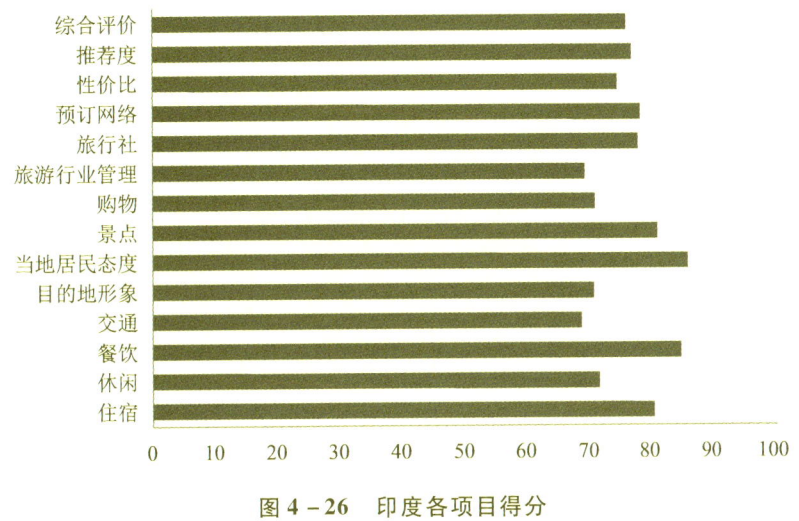

图4-26 印度各项目得分

（六）越南

1. 游客满意度得分及排名

全年到访越南的中国公民游客满意度为72.71，在24个抽样国家中排名第23。

2. 问卷调查分析

越南问卷满意度平均得分为7.28分，比总体平均分7.93分低0.65分，在被调查的27个国家中排最后一名；得分最高的三项是景区景点、民俗特色和自然生态，得分分别为7.67、7.61和7.63分；得分最低的三项是施工管理、卫生设施和中文标识、信息和服务，得分分别为6.90、6.91和6.93。

表4-23 问卷调查满意度

序号	指标	2014全年	序号	指标	2014全年
1	旅游价格	7.38	2	性价比	7.35
3	现代化程度	7.09	4	美丽程度	7.55
5	知名度	7.32	6	信息化程度	7.04
7	城市规划	7.06	8	卫生设施	6.91
9	无障碍设施	6.94	10	旧城和历史建筑保护	7.38
11	空气质量	7.58	12	自然生态	7.63
13	园林绿化	7.60	14	便利感	7.16
15	安全感	6.97	16	市容市貌	7.09
17	施工管理	6.90	18	市民形象和行为	7.08
19	文化氛围	7.28	20	民俗特色	7.61
21	供水和水质	7.24	22	供电	7.47
23	手机信号覆盖	7.29	24	互联网覆盖	7.32
25	农业现代化	7.19	26	工业旅游	7.02
27	银行刷卡便利性	7.19	28	城市公交	6.98
29	出租车	7.13	30	长途客运	7.16
31	自驾车	7.28	32	步行道和自行车道	7.18
33	机场	7.50	34	火车站	7.33
35	交通标识	7.23	36	餐饮	7.49
37	住宿	7.45	38	购物	7.46
39	文化娱乐	7.41	40	景区景点	7.67
41	外方旅行社	7.32	42	外方导游	7.29
43	旅游产品和服务质量	7.36	44	收据具备及正规度	7.25
45	旅游公共服务	7.28	46	标准化程度	7.15
47	中文标识、信息和服务	6.93	48	使领馆签证服务	7.60
49	目的地国边检海关服务	7.59			

第四章 目的地满意状况
Chapter Four Satisfaction Analysis of Major Destinations

3. 网络评论分析

2014 年越南旅游评论调查的游客综合满意度指数为 80.54，高于境外游客总体满意度 0.19。各项指标的满意度指数均超过 74.00。其中，对预订网络和当地居民态度最为满意，满意度指数高达 90.46 和 89.09。对住宿、旅行社、餐饮和性价比比较满意，满意指数均高于 80.00。游客对越南旅游行业管理满意度最低，数值为 74.42。

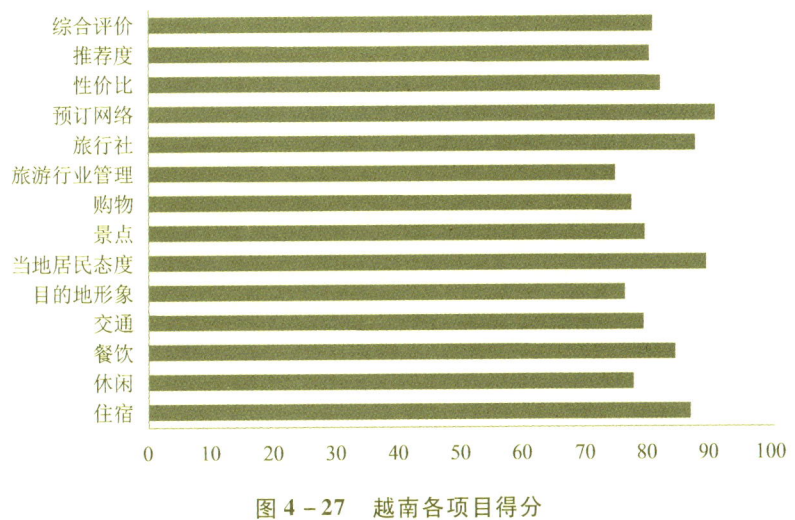

图 4-27 越南各项目得分

（七）蒙古

1. 游客满意度得分及排名

全年到访蒙古的中国公民游客满意度为 72.25，全年在 24 个抽样国家中排名第 24。

2. 问卷调查分析

蒙古问卷满意度平均得分为 7.51 分，比总体平均分 7.93 分低 0.42 分，在被调查的 27 个国家中排第 25 名；得分最高的三项是民俗特色、自然生态和空气质量，得分分别为 8.15、8.08 和 8.04；得分最低的三项是无障碍设施、信息化程度和施工管理，得分分别为 7.19、7.16 和 7.13。

173

表 4-24 问卷调查满意度

序号	指标	2014 全年	序号	指标	2014 全年
1	旅游价格	7.42	2	性价比	7.42
3	现代化程度	7.34	4	美丽程度	7.89
5	知名度	7.40	6	信息化程度	7.16
7	城市规划	7.38	8	卫生设施	7.23
9	无障碍设施	7.19	10	旧城和历史建筑保护	7.67
11	空气质量	8.04	12	自然生态	8.08
13	园林绿化	7.93	14	便利感	7.33
17	施工管理	7.13	18	市民形象和行为	7.54
19	文化氛围	7.73	20	民俗特色	8.15
21	供水和水质	7.59	22	供电	7.68
23	手机信号覆盖	7.29	24	互联网覆盖	7.28
25	农业现代化	7.39	26	工业旅游	7.23
27	银行刷卡便利性	7.39	28	城市公交	7.35
29	出租车	7.36	30	长途客运	7.33
31	自驾车	7.49	32	步行道和自行车道	7.47
33	机场	7.70	34	火车站	7.46
35	交通标识	7.44	36	餐饮	7.72
37	住宿	7.58	38	购物	7.64
15	安全感	7.43	16	市容市貌	7.49
39	文化娱乐	7.67	40	景区景点	7.94
41	外方旅行社	7.37	42	外方导游	7.39
43	旅游产品和服务质量	7.55	44	收据具备及正规度	7.54
45	旅游公共服务	7.49	46	标准化程度	7.37
47	中文标识、信息和服务	7.26	48	使领馆签证服务	7.58
49	目的地国边检海关服务	7.64			

3. 网络评论分析

2014 年蒙古评论调查的游客综合满意度指数为 71.98，较境外游总体满意度平均值低 8.37 分，是游客满意度最低的国家。其中当地居民态度满意度最高，数值为 85.63。其余项目得分均低于 80.00，其中得分最低的是旅游行业管理，仅为 57.00。

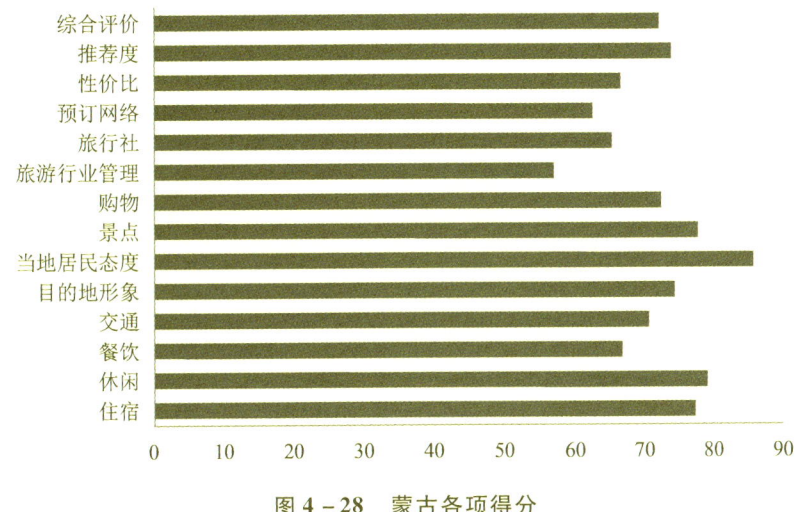

图 4-28　蒙古各项得分

第五章

2015年我国出境旅游发展趋势与建议

第一节 2015年我国出境旅游发展趋势

2015年中国出境市场仍将实现快速持续发展，预计出境旅游人次数同比增长16%以上。

一、全球经济增长不确定性加剧，特别是主要发达经济体经济增长乏力将促使目的地地区加强对中国出境客源的争夺

根据经合组织2015年3月18日发表的中期经济报告，由于原油价格走低以及央行实施的宽松货币政策对经济的支持，2015年全球经济将有所改善。但该组织同时警告称，低利率可能让全球金融系统的稳定面临风险，同时主要经济体也有陷入通缩的可能。该组织预计2015年全球经济增速为4%，欧元区为1.4%，日本为1%，印度为7.7%，巴西将萎缩0.5%。自2014年12月以来全球数个央行的宽松政策对经济构成支撑。不过各大央行"过于依赖"宽松货币政策以支撑经济，使全球金融系统的稳定面临风险，包括过度借贷以及外汇风险，全球前五大经济体在2015年上半年都有陷入通缩的可能性。因此，发达经济体将会更加重视入境旅游对于经济与就业的拉动作用。这也是近年来美国出台《旅游促进法案》，欧盟颁布《新欧盟旅游政策框架》，英国、法国、日本、韩国、澳大利亚、新西兰、加拿大等国家纷纷制定旅游业发展战略的关键原因。其政策目标更加重视国家整体形象塑造与促销，以及综合性的政策配套。2013年以来，日本通过加强促销、增开国际航线、扩展中文服务、降低签证门槛、优化免税政策等，积极争取中国等境外客源市场，并取得了显著成绩。根据世界旅游组织2014年1~8月的数据，赴新兴市场国家与发展中国家旅游的游客增幅由2013年的7%下滑为3.7%；相比而言，赴发达国家游客的涨幅由4%上升至5.8%。发展中国家的增幅持续超过发达国家的态势发生了扭转。因

此，中国出境旅游发展必然面临更加有利的外部发展环境。

二、我国经济持续增长、人民币汇率的相对稳定以及国家旅游局加强文明旅游引导工作将进一步优化中国公民出境的内部环境

根据2015年3月5日第十二届全国人民代表大会第三次会议的政府工作报告，2015年我国国内生产总值增长7.5%左右，居民消费价格涨幅控制在3.5%左右，城镇新增就业1000万人以上，城镇登记失业率控制在4.6%以内，国际收支基本平衡，居民收入增长和经济发展会实现同步。由于中国经济增速依然会达到全球其他国家难以企及的速度，中国仍会面临经常账户顺差与资本账户逆差的国际收支格局，基本面并不支持人民币兑美元汇率大幅贬值，中国政府可以通过加强资本流动管理来应对短期资本突然大规模流出，加上2015年来自美国方面的汇率升值压力与贸易保护主义压力将会卷土重来，也会抑制人民币兑美元的贬值幅度。因此，2015年人民币兑美元汇率有一定下跌空间，但不存在大幅贬值的风险。2014年底以来，国家旅游局通过开展全国旅游市场秩序综合水平指数测评、聘任首批旅游服务质量社会监督员等工作，加大了在市场监管方面的力度。同时国家旅游局协调电信部门为出境中国游客发送文明旅游手机提醒短信，并将与民航总局联手整治不文明乘机和不文明旅游行为，引导更多的出境游客自觉遵守文明秩序，更好地传递国家形象。总体而言，持续良好的内部环境会进一步释放出境旅游消费需求。

三、中国出境旅游的流量流向会受到签证、汇率、事件以及我国对外合作布局的影响

正如世界旅游和旅行理事会WTTC在2014年3月发布的《旅行和旅游：对2014全球经济影响》报告中指出的那样，签证政策的限制问题成为制约旅游对各国入境经济贡献的原因之一。根据2014年Henley & Partners顾问公司所作的研究，中国的亨氏签证受限指数为45，在94个国家与地区中排第83名。因此，签证一直是限制中国游客走出去最主要的因素。近年来无论是对中国游客提供免签或落地签证，这是提高签证数量、简化签证程序，都成为迅速吸引中国游客的手段。以对中国游客实施免签的韩国济州岛为例，根据济州岛观光协

会数据，2014年赴济州岛的中国游客数量增加了58%，接近290万人次，为赴韩中国游客数量贡献半数以上。因此，可以预见，中国游客的流量流向在2015年将会受到签证门槛下调程度的重要影响。在多国货币对人民币贬值的大背景下，出境游将持续获得利好刺激。以欧元为例，欧元对人民币贬值将降低欧洲线路批发商相关成本，为其下游产业链环节价格调整打开下调空间，而旅行产品价格调整、目的地购物成本下降，会提升游客出游意愿。突发事件一直是影响中国游客流量流向的重要因素。民生问题政治化倾向所引发的一些冲突事件、目前状况仍待明朗的埃博拉疫情可能对中国内地游客赴香港、西非旅游造成短期影响。2014年8月国务院发布《关于促进旅游业改革发展的若干意见》中明确提出要围绕"一带一路"建设，在东盟—湄公河流域开发合作、大湄公河次区域经济合作、中亚区域经济合作、图们江地区开发合作以及孟中印缅经济走廊、中巴经济走廊等区域次区域合作机制框架下，推动我国同东南亚、南亚、中亚等区域旅游合作，加之2015年正在和将要举办的中国－韩国旅游年、中国－印度旅游年以及中国－中东欧旅游年，将会加大中国与上述国家地区间的游客交流。

四、中国出境旅游的客源产出将进一步向中西部地区、二三线城市乃至农村地区延伸

虽然中国的潜在出游力在东中西地区之间依然表现为明显的"7∶2∶1"的三级阶梯状分布，但东部区域的累计潜在出游力，2014年为65.5%，2013年为65.7%，2012年为66.8%，2011年为68.0%，2010年为70.0%。可见东部地区在不断降低，中西部地区在逐渐升高。东中西区域之间的差距在缩小，收敛趋势不断显现。根据交通运输部数据，2014年中国新增高速公路7450公里，高速公路总里程达到111 918公里，新建机场8个，颁证民用航空机场达到202个。至2014年12月底，中国时速达200公里以上的高速铁路新线运营里程已经达到19 369.8公里，占到了全球高速铁路运营里程的50%以上。根据中国中长期铁路网规划方案，至2015年年底，中国将会建成42条高速铁路客运专线，基本上建成以"四纵四横"为骨架的全国快速客运网，总里程将超过20 000公里。随着我国高速交通网络的建设，将使得原本出行交通并不便利的地区，能够通过高速交通网络与口岸城市快速链接，会极大地拓展我国出境旅

游的客源地区。国家统计局的数据显示 2014 年中国城镇化率达到 54.77%，比 2013 年提高 1.04 个百分点。2015 年城镇化率将超过 58%。新型城镇化的推动为旅游消费需求增长提供源源不断的动力，广大中西部地区的中小城市乃至农村地区的出境旅游市场正在启动。

五、自由贸易试验区、跨境贸易试点城市等政策可能会吸引出境旅游的购物消费回流

2013 年 9 月国务院印发中国（上海）自由贸易试验区（简称"上海自贸区"）总体方案及试验区服务业扩大开放措施。2012 年 12 月开始，中国海关总署陆续开辟了上海、重庆、杭州、宁波、郑州、烟台、平潭、哈尔滨、西安和绥芬河等城市作为跨境贸易电商试点城市[①]。2014 年 7 月中国海关总署发布《关于跨境贸易电子商务进出境货物、物品有关监管事宜的公告》（简称 56 号文），鼓励电子商务企业或个人通过经海关认可并且与海关联网的电子商务交易平台实现跨境交易。相关政策出台之后，2013 年 12 月，上海自贸区第一家经政府审批的海淘网站平台"跨境通"正式运行。2014 年 9 月，亚马逊（中国）投资有限公司开始在上海自贸区开展跨境电子商务业务。京东、天猫、1 号店等电商先后搭建跨境商品平台。同时，涌现了洋码头、蜜淘网等多个专门从事跨境商品销售的电子商务网站。系列政策的实施标志着中国开始出现了官方认可的个人跨境购物方式，并已经在吸引中国游客境外消费回流方面开始发挥了一定作用。2015 年 3 月，中央政治局会议审议通过了广东、天津、福建自贸区总体方案。尽管目前多数商品与境外购买相比依旧还不具价格优势，但从长远来看，伴随我国跨境商品经营规模的扩大，价格仍具下降空间，配合更加便捷的操作和更有保障的售后服务，必然会将更多境外消费留在境内。

---

① 指以电子商务的方式做跨境贸易进出口。

第二节 2015年我国出境旅游发展建议

一、政府主管部门应进一步加强出境旅游统计的准确性，对免税购物政策实施的范围与对象进行有序拓展

我国国际服务贸易中的旅游支出根据公安部出入境管理局以及我国主要出境旅游目的地国家或地区相关数据测算得出。目的地国家或地区多依照《国际收支手册》（BMP）统计旅游服务贸易额。根据 BMP（第六版）规定，旅游收入包括非居民在访问某经济体期间（一年以内）从该经济体处购买自用或馈赠的货物和服务，旅行者在其访问的经济体内的交通运输以及国际运费不包括在内。因此，现有的旅游支出统计中，至少存在两个方面的出入：一是中国游客到达目的地的跨境交通与在目的地的境内交通支出，都被纳入交通项目支出，而不是旅游项目支出；二是中国公民因短期务工、留学、求医等其他目的在境外停留不足一年内所购买的货物或服务，被计入旅游项目支出。因此，建议按照国际社会普遍采用的《国际收支手册》（BMP）统计旅游服务贸易额。

为更好吸引消费回流，建议对免税购物政策实施的范围与对象进行有序拓展。首先，在科学地量化比较因免税购物所形成的税收损失与因税基扩大增加的税收收入的基础上，审慎地将免税购物政策拓展至有条件的地区。其次，目前我国的市内免税店只能服务于出境的港澳台和国外旅客，销售对象不包括出境的国内旅客。这使市内店仅成为口岸出境店的市内延伸。同时，允许出境国内旅客在市内免税店购物的政策已在美国、韩国、日本、泰国等大多数国家实行。韩国市内免税店已经在吸引消费回流方面发挥了重要作用。建议在我国公民出境旅游的主要口岸——北京、上海和广州以可行的市内店方式，把免税购物的对象拓展至即将离境的中国旅客。再次，结合上海自贸区政策创新、跨境贸易电子商务服务试点工作等，推进配套的免税（进口税）购物商务平台建设。最后，对国有产品与品牌的销售与展示进行相应的规定，通过国产精品品牌与国外高端品牌的同台展示、共同竞争，推动国有品牌的发展。在当前免税管理体制的模式下，免税政策创新的制度和行政成本相对较低，在通过相关制

度和有效监管的前提下，创新的免税政策必然能够在扩大消费需求、消解旅游服务贸易逆差方面发挥出应有的作用。

二、旅游目的地需要进一步提升签证便利化程度以吸引中国游客，进一步优化环境与争取中国投资以吸引中国游客消费

旅游目的地国家和地区的签证政策放宽，一方面会相对扩大旅行社的收客范围和收客时限，更加方便旅行社对旅游产品的包装和实施，另一方面有利于提升计划周期相对较短的中国游客的出游意愿。其中，多次往返签证的发放有利于增加中国游客的旅游频次，降低对"一定经济能力"的要求或开放打工度假签证能够更好地吸引青年游客，针对邮轮游客的免签政策有助于吸引高端游客。因此，建议目的地进一步提升签证便利化程度以更好地吸引中国游客。

根据中国旅游研究院的出国旅游满意度调查，从中国游客综合反映的情况来看，游客最为期待的还是中文服务、安全感等方面的大幅改善和旅游投诉满意度的有效提升，包括中文旅游指南、酒店中餐厅、中文电视节目、中文网站、中文客房等服务和中国银联、支付宝设施都是游客需求频率比较高的。同时，对于国外旅游投诉处理的满意度有待提高。2014年在网络上的负面评价有明显增加，全年中国出国游客对投诉处理的平均满意程度与去年相比有较大幅度下降，仅有69.61，赴越南、马来西亚、阿根廷等国家的中国游客对旅游投诉处理的满意度最低，泰国、韩国等热点旅游国家的投诉处理满意度也不高。2014年以来赴意大利的中国游客满意度有大幅提升，这与意大利政府和中国旅游研究院共同推进为中国游客定制的"欢迎中国"服务标准体系有一定关系。在一系列促进消费回流的政策先后出台的背景下，在各奢侈品牌不断缩小区域售价的环境下，中国游客以"避税"和"避费"为目的地的购物消费冲动有望逐渐回归理性。由此，目的地应以互利互惠为原则，简化签证手续、缩短签证时间、减少签证费用，给予出国游客更多的便捷，在语言和消费习惯等方面更加充分地为游客着想，在旅游标准、从业资格互认、安全预警机制和突发事件处置等方面建立起更加紧密的常态化合作机制。

2014年，中国旅游企业跟随中国游客脚步走出去的国际化布局已日趋明朗。已经出现从自发到自觉、从无组织到有组织，甚至打破行业和体制界限结成联盟的趋势。伴随着中国"丝路基金"和亚洲基础设施投资银行的建立，

2015 年中国旅游企业的对外投资将受到国家战略引导与企业战略投资意愿增强的双重影响，会以"一带一路"沿线国家与中国游客规模及消费能力显著的地区为主要投资区域，以基础设施以及旅行社、酒店、景区、航空公司等上下游资源为主要投资对象。为更好吸引中国投资，以带动经济社会发展，并创造更好的中国游客服务环境，目的地国家或地区一方面可积极加入丝路基金与亚洲基础设施投资银行，争取基础设施建设、产业合作等项目的投融资支持，另一方面应主要为中国的商业存在与自然人流动创造更好的条件，以降低中国资本的进入门槛。

三、中国出境游客需要践行文明旅游要求，塑造与出境大国相适应的文明形象

习近平总书记对文明旅游工作非常重视，2013 年先后做出了两次重要批示，2014 年在马尔代夫时也对这项工作提出了要求。通过携程 2015 年年初发布的《文明旅游行动报告》发现，虽然绝大部分出境游客都能自觉遵守文明秩序，发生恶性不文明事件的比例低于万分之一，但随着出境市场已经超过一亿人，每年仍可能有大量不文明事件发生。加上媒体的个案式报道，容易给境外目的地的民众感知带来放大效应。作为游客，需要从国家形象的高度认识出境文明旅游问题。旅游是民众与民众之间直接的交流渠道，也是目的地国家人民直接感受我国国家形象的重要载体。因此，不遵礼仪、不讲卫生、大声喧哗、随处刻字等不文明行为，会引起当地民众的不满和反感，从而对国家形象带来负面的影响。因此，要认识到自身的行为对于国家形象与国家软实力的影响。为了推动文明旅游，中央文明委出台了《关于进一步加强文明旅游工作的意见》，中央文明办、国家旅游局等八部（委）局）举行了提升中国公民出境旅游文明素质的部际联席会议，国家旅游局建立了"万名社会监督员"制度，正在建立公民旅游不文明行为系统记录。建议出境游客参照国家旅游局的文明旅游指南等，尽可能减少不文明和不符合当地习俗的行为，以自身为载体塑造与出境大国相适应的文明形象。

后 记

出境旅游发展年度报告从2003年始，由杜江副局长牵头编制出版。2008年到2014年，该报告由国家旅游局旅游促进与国际合作司委托中国旅游研究院组织力量编制。为使境外读者方便阅读，报告从2009年开始出版中英文双版。报告在延续调查方案与研究范式的基础上，一直在进行不断完善与创新。呈现在大家面前的这份报告更加专注于对出境旅游市场的分析与研究。为更加清晰、直观地展现出境旅游市场的总体状况，该报告从2014年中国出境旅游总体状况、客源地产出特征、目的地消费行为与满意状况，以及2015年发展趋势与建议递次展开，以期使境内外旅游主管部门、相关旅游企业与研究机构能够获得中国出境旅游发展全面而深入的信息，并对其经营管理、政策制定、发展战略、教学研究等方面提供有益的参考。

整个项目由杜江教授与戴斌教授提出研究框架，经课题组全体成员讨论后形成了包括问卷设计、访谈提纲、调研组织在内的年度工作方案。从2010年开始，市场调研的对象扩展到北京、上海、广州、重庆、成都、西安、沈阳与杭州8个口岸城市。工作组在对各典型城市的地方旅游主管部门以及代表性出境游组团社进行实地调研的基础上，结合市场调研与境内外数据收集整理，并经多次讨论修订，形成终稿。

同时，非常感谢银联国际对此份报告的完成所给予的大力支持。持续高速增长的出境市场是相关产业扩展国际化布局的基石，而企业的创新发展也成为引领出境市场不断走向成熟的重要力量。

本份报告的主要执笔人分工如下：导言，蒋依依；第一章，宋慧林、杨劲松、杨丽琼；第二章，吴丰林、刘祥艳、杨丽琼、杨劲松、宋慧林；第三章，汲忠娟、杨光旭、刘祥艳；第四章，汲忠娟、何琼峰；第五章，蒋依依。

书中数据如无特殊标注，均来自国家旅游局统计数据以及中国旅游研究院的抽样调查数据。同一项目的统计数字有的在前后文略有差别是因为数据来源不同。

我们期待着出境旅游年度报告与中国的出境旅游共成长，期待出境旅游年度报告为市场、产业与研究的理性成长贡献更大力量。

课题组

2015 年 4 月 21 日

责任编辑:张 娟

图书在版编目(CIP)数据

中国出境旅游发展年度报告. 2015／中国旅游研究院著. -- 北京:旅游教育出版社,2015.5
ISBN 978-7-5637-3179-4

Ⅰ.①中… Ⅱ.①中… Ⅲ.①国际旅游—研究报告—中国—2015 Ⅳ.①F592.3

中国版本图书馆 CIP 数据核字(2015)第 112167 号

中国出境旅游发展年度报告2015
中国旅游研究院 著

出版单位	旅游教育出版社
地 址	北京市朝阳区定福庄南里1号
邮 编	100024
发行电话	(010)65778403 65728372 65767462(传真)
本社网址	www.tepcb.com
E-mail	tepfx@163.com
排版单位	北京旅教文化传播有限公司
印刷单位	北京中科印刷有限公司
经销单位	新华书店
开 本	787毫米×1092毫米 1/16
印 张	12.5
字 数	172千字
版 次	2015年5月第1版
印 次	2015年5月第1次印刷
定 价	70.00元

(图书如有装订差错请与发行部联系)